I0456499

OBRANDO EN
ABUNDANCIA

PREPÁRATE PARA ABRIR LA PUERTA AL
MISTERIO DIVINO A TRAVÉS DEL **SALMO 23**

ADONIJAH O. OGBONNAYA, PH.D.

אתה

OBRANDO EN ABUNDANCIA
Adonijah O. Ogbonnaya, Ph.D. Segunda Edición

Publicaciones Copyright © 2009, rama de literatura de AACTEV8 Internacional (Apostolic Activation Network)

Aactev8 International1020 Victoria Ave. Venice, CA 90291 www.aactev8.com

Publicado por Seraph Creative 2022 ISBN: 978-1-958997-10-9

Editado por Kathy Strecker
Datos de la Biblioteca del Congreso

Alquimia, oración, provisiones, crecimiento personal, espiritualidad. Padre Nuestro, Voluntad, voluntad del hombre, voluntad de Dios, Reino de Dios, cielo, perdón, tentación, poder espiritual, transformación, estudio de la Biblia. Ninguna parte de este libro puede ser reproducida, almacenada en un sistema de duplicación o transmitida en cualquier forma o por cualquier medio, electrónico, mecánico, fotocopia, grabación o de otro tipo, excepto para una breve cita en la revisión impresa sin el permiso previo del titular de los derechos de autor.

Citas de las Escrituras: Reina Valera 1960

Portada por Feline Graphics
Composición tipográfica, ilustración y maquetación por Feline www.felinegraphics.com

Traducido por Almendra De Mata Estrada

אתה

CONTENIDO

אתה

PREFACIO

Cuando prediqué por primera vez estos mensajes en nuestra iglesia local en Venice, Dios me prometió que mostraría a la gente la abundancia del corazón mientras predicaba,, y que nuestra comunidad y mi familia global se moverían hacia un mayor nivel de abundancia.

Déjame decirte que este libro no es solo sobre dinero, o finanzas, ni siquiera solo sobre negocios, este libro está escrito con el propósito de ayudarte a convertirte en una persona generosa. Al terminar este libro, me maravillo del plan divino de Dios, en medio de la pandemia de Covid-19, cuando el mundo pasó a un estado de miedo y escasez.

Al dar a conocer esta revelación, confío en que Dios se moverá en tu vida, para cambiar tu sistema operativo,, este libro permite al creyente caminar por el camino de la abundancia, siendo una persona de riqueza, en todas las áreas de la vida.

Utilicé el modelo del Salmo 23, una escritura muy conocida a los ojos de muchos, sin embargo, permíteme iluminar tu camino nuevamente, ya que Dios ha brillado con Su luz divina al revelarme los misterios ocultos de esta escritura.

Creo que este libro te proporcionará las llaves de la libertad, llaves que te acompañarán por el resto de tu vida, ya que David, el amigo de Dios, aprendió los caminos de Dios, para que puedas caminar por esos mismos caminos, en un lugar donde el agua viva de Dios nunca se agota en cada área de tu vida.

Servimos a un Dios que nos ha dado abundantemente, Su único Hijo, Jesucristo, no solo el Salvador del mundo, sino un regalo de un Padre a Sus hijos, diciéndole a la humanidad "Te valoro más que el oro y la plata, te valoro más que a mi creación, solo puedo mostrarte mi amor enviando a mi Hijo, para mostrarte la esencia mismo de la generosidad".

Oro para que Dios te bendiga, a medida que aprendes los caminos de la rectitud en este libro, que el Espíritu de Sabiduría te imparta la sabiduría para andar en caminos que bendigan a tus generaciones y cambien la frecuencia misma de tu vida en gozo, esperanza, una hermosa maravilla y asombro de la provisión de Dios.

Que Dios te bendiga y te guarde.

Shalom
Dr. Adonijah O. Ogbonnaya

אתה

CÓMO LEER ESTE LIBRO

El Salmo 23 es probablemente uno de los pasajes bíblicos más famosos y queridos de todos los tiempos. Sin duda, es el salmo al que recurrimos primero cuando clamamos a nuestro Padre en tiempos de necesidad. Aunque este salmo está constantemente al alcance de nuestra mano, el Dr. Ogbonnaya nos dice que el Salmo 23 contiene verdades y misterios significativos que aún no hemos comprendido ni adecuado en la forma en que nos relacionamos con Dios y obramos dentro de Su provisión para nosotros.

Obrando en Abundancia nos lleva en un viaje para desentrañar los misterios del Salmo 23 y entrar en un reino de descubrimiento de la verdadera esencia del corazón de nuestro Padre. El Dr. Ogbonnaya recorre los caminos que el mismo David recorrió para ayudarnos a describir la naturaleza de Dios y hasta dónde llega para seguirnos con Su amor implacable. A lo largo del camino, el Dr. Ogbonnaya se detiene para desentrañar niveles ocultos de significado y expone el significado de las palabras clave y frases, explicando cómo las letras hebreas y la gematría enriquecen y apoyan las verdades más profundas de la bondad y la misericordia de Dios.

Emprende este viaje, armado con la oración y un espíritu listo para derribar viejos paradigmas y formas de pensar. Prepárate para descubrir aún más acerca de la bondad de nuestro Padre y aprovechar las infinitas posibilidades de Su provisión eterna. Hay una tabla del Aleph Bet al final del libro para apoyarte mientras el Dr. Ogbonnaya desglosa ciertas palabras y frases en sus partes componentes en hebreo.

¡Prepárate para abrir la puerta a Sus divinos misterios!

אתה

Salmo 23
Reina Valera (1960)

El Señor es Mi Pastor.
Salmo de David.

[1] Jehová es mi pastor; nada me faltará.

[2] En lugares de delicados pastos me hará descansar; Junto a aguas de reposo me pastoreará.

[3] Confortará mi alma; Me guiará por sendas de justicia por amor de su nombre.

[4] Aunque ande en valle de sombra de muerte, No temeré mal alguno, porque tú estarás conmigo; Tu vara y tu cayado me infundirán aliento.

[5] Aderezas mesa delante de mí en presencia de mis angustiadores; Unges mi cabeza con aceite; mi copa está rebosando.

[6] Ciertamente el bien y la misericordia me seguirán todos los días de mi vida, Y en la casa de Jehová moraré por largos días.

אתה

CAPÍTULO 1

NUESTRO PROVEEDOR SIEMPRE PRESENTE

Los seres humanos han sido entrenados durante milenios para creer que no hay suficiente, debido a un lugar de carencia. Esta es en gran parte la base de todas las guerras y luchas, una creencia de carencia— (comienzo a creer que algunas de las grandes guerras que se han librado en el mundo, la mayoría han sido sobre economía).

Muchos miedos y ansiedades se derivan de no tener suficiente. Las disputas familiares a menudo se centran en la provisión o la falta de ella. Parece que lo tenemos todo, pero pensamos que no tenemos suficiente. Estamos vendidos a la idea, en nuestra psique, de que nunca hay suficiente. Pensamos que si no lo vemos, entonces no está ahí. En otras palabras, nuestra tendencia a espiritualizar y materializar la carencia termina por hacer que no entendamos nada más allá de lo que podemos ver. Además, nos han enseñado que todo lo que tenemos o nos ha pasado, es porque hemos trabajado por ello. Esto es claramente falso. Nuestro pensamiento y creencias están guiados por muchas suposiciones falsas en torno a nuestra comprensión de la provisión.

Después de que Moisés sacó a Israel de Egipto y lo llevó al desierto, se quejaron y pidieron otro Dios. Si estaban viviendo en el desierto sostenidos por la provisión de Dios, ¿por qué pediría Israel otro Dios? Es indicativo del sistema intrínseco y de la creencia de carencia a la que estaban acostumbrados y de que Dios mismo no era suficiente para ellos. Clamaban por otro dios porque necesitaban un dios que pudieran ver, tocar y que pudieran manipular. Necesitaban un dios menos que ellos mismos. Cuando Israel entró en el desierto de Egipto, entró a través de una plétora de promesas de Dios; fueron guiados por Dios. Dios proveyó todo lo que necesitaban en el desierto.

Dios no requirió nada de ellos para sacarlos de Egipto. Ellos no crearon el cordero cuya sangre usaron en el marco de la puerta. La noche de su liberación sobrenatural, un ángel obligó a los egipcios a liberarlos, incluso Israel desconocía por completo lo que sucedió esa noche. Todo lo que les sucedió fue un milagro de la divina providencia. Dios estaba plenamente presente; sin embargo, debido a que habían sido entrenados para creer que nunca había suficiente, incluso la presencia de Dios no era suficiente.

Lo que Dios realizó en el milagro del Mar Rojo es claro, si lo entendemos desde la perspectiva judía. La Biblia dice que Israel se metió en el mar, lo que indica que estaban bajo el agua. Y el mar se separó, formando un muro a ambos lados. Tenían el mar encima de ellos y una pared a cada lado; caminaron a través de un túnel. Esta formación revela el misterio de lo que Dios hizo: el agua por encima y a cada lado formaba la letra hebrea "Heh". "Heh" representa una puerta a otra dimensión; así, habiendo entrado en el túnel, Israel había entrado en otra dimensión.

> Podrías estar sufriendo la misma experiencia con otro ser humano y, dependiendo de tu perspectiva, tú sobrevivirás y ellos no.

Y el ángel de Dios que iba delante del campamento de Israel, se apartó e iba en pos de ellos; y asimismo la columna de nube que iba delante de ellos se apartó y se puso a sus espaldas, e iba entre el campamento de los egipcios y el campamento de Israel; y era nube y tinieblas para aquellos, y alumbraba a Israel de noche, y en toda aquella noche nunca se acercaron los unos a los otros. (Éxodo 14:19-20).

Los comentarios de muchos padres judíos sobre este milagro decían que mediante la combinación de las letras hebreas y la combinación del nombre de Dios, Moisés fue capaz de crear una estructura angélica para detener el agua y ponerse entre ellos y los egipcios. Dios les estaba haciendo saber que se encontraban en una posición eterna e infinita. No había nada que Dios no pudiera llegar a ser para ellos.

Israel salió del túnel, de otra dimensión.

El túnel los llevó al otro lado del Mar Rojo con el ejército egipcio muy por detrás de ellos. Cuando Israel cruzó al otro lado, las escrituras dicen que Dios hizo pesadas las ruedas de los egipcios, y hubo oscuridad entre el lado de Israel y el otro lado; en consecuencia, los egipcios no pudieron cruzar al otro lado. Esto demuestra aún más que Israel, de hecho, había entrado en otra dimensión. Al salir del túnel de agua, Israel aprendió y entendió que podía entrar en otra dimensión. Esto significa que podemos estar en el mismo túnel que los demás y mientras sus ruedas se vuelven pesadas, nos movemos con facilidad. Podríamos estar sufriendo las mismas experiencias que sufren otros humanos y, dependiendo de nuestras perspectivas, nosotros sobreviviremos y ellos no. Cuando Israel salió del túnel, experimentaron provisión a cada paso porque Dios no cambió el proceso. Tomó la misma estructura angélica que existía en el agua y la colocó alrededor de ellos. Podemos ver esto en la oscuridad, la columna de fuego por la noche y la columna de nube por el día. Era el mismo proceso que los protegía de lo que fuera que temieran y de lo que pudiera venir contra ellos. Cuando clamaban, la misma presencia les daba provisión: comida o refugio. David dijo: "Comieron la comida de los ángeles". Jesús dijo: "Yo soy el pan en el desierto". Dios quería que Israel entendiera que eran esclavos, un pueblo que obra desde una posición de carencia, pero que no tenían que preocuparse por la provisión.

> Si actúas desde la carencia, nunca podrás estar tranquilo. La respuesta a tu inquietud podría ser cambiar la perspectiva sobre la capacidad de Dios para proveerte.

La carencia no se refiere sólo a la comida, sino a todo lo que sustenta nuestra vida. Si partimos de la carencia, todos a nuestro alrededor nos van a parecer imperfectos. Nunca estaremos satisfechos con nada de lo que hagan por nosotros. Dios estaba comunicando a Israel el principio de suficiencia o abundancia: hay suficiente. Si Israel hubiera comprendido la provisión que disponía, se habría sentido satisfecho. Si entendemos que hay suficiente, entonces podemos estar satisfechos. Y si estamos satisfechos, podemos amar a nuestros hermanos y hermanas. No tenemos que ir a la guerra contra nuestros cónyuges.

Nuestra idea de la carencia ha sido inoportuna. Si no estamos satisfechos con lo que tenemos a nuestro alrededor, buscamos constantemente algo que no está ahí; en consecuencia, viviremos con una sensación de vacío, pensando que no somos suficientes. Nuestro mundo está informado por la carencia, que es fundamental para lo que creemos, pensamos y cómo vivimos. Al vivir con una sensación fundamental de carencia, creamos ídolos que son menos que nosotros para que se conviertan en nuestros guardianes.

Cada vez que pensamos que no hay suficiente, caminamos con miedo y ansiedad, lo que nos obliga a pensar en las personas como cosas u objetos. Sin un autoexamen sincero, dejamos de ser humanos y pensamos que somos algo que no somos. Nuestro objetivo no es ser un ángel, sino ser seres humanos. Debemos examinar por qué nos comportamos con los demás de la manera en que lo hacemos. A través del autoexamen, entendemos que necesitamos arrepentirnos, no que otros necesitan arrepentirse. Hacer que otros se arrepientan no es nuestro trabajo; más bien, debemos rectificarnos y mantenernos en una posición que nos permita ver la forma en que Dios es y cómo se relaciona con nosotros. Dios no se relaciona con nosotros por parcialidad y por carencia.

Una de las razones por las que obramos con conciencia de carencia es que no nos damos cuenta de que Dios está presente. Dios es para la humanidad lo que un pastor es para las ovejas. En el contexto de la cría de ovejas, el pastor siempre está en medio de las ovejas, ya sea que estén enfermas o sanas, con lo cual el pastor siempre huele a oveja. Por lo tanto, Dios lleva toda la provisión en el universo; y desde lo más íntimo de su ser, el universo viene a la existencia, mundos están siendo creados continuamente, y nosotros fuimos creados. Si esto es cierto, entonces es razonable aceptar que llevamos la misma provisión divina. Cuando Dios creó al hombre, lo hizo de barro de la Tierra. Entonces, Dios sopló su aliento en el hombre, lo que hizo que cobrara vida. El aliento de Dios impulsa el ser de Dios en todo nuestro ser; por lo tanto, tenemos acceso a todo lo que está dentro de Dios. Cuando Dios respira, nos da vida. Cuando respiramos, recibimos de Dios. Esta interconexión de aliento significa que la misma plenitud en el Padre entra en nosotros. Desde una perspectiva ontológica hebrea, el hombre tiene un alma superior y un alma inferior. El alma inferior se llama nefesh, que Dios sopló en el hombre. Por lo tanto, el aliento de Dios se refiere al alma inferior, nefesh, porque es el mismo aliento que nos dio nefesh. Tanto el hombre como los animales tienen nefesh. Cuando el hombre respira, esto no es solo una función física. Es un recordatorio de Dios de la plenitud del ser de Dios que se supone que viene a nosotros. El escritor de Eclesiastés escribió: "Donde hay aliento, hay esperanza", lo cual se refiere a esta interconexión del

אתה

aliento entre Dios y el hombre.

"El Señor es mi pastor; Nada me faltará".

El deseo proviene de un sentido interno de carencia. David escribió: "No querré/me faltará/estaré sin nada". La palabra "querer" es la palabra hebrea "Achsar" que puede traducirse como "No me faltará" como "Nunca tendré una mano vacía". Nuestras manos son valiosas porque en nuestras manos están escritos los pergaminos del destino. Todos los antiguos creían que había un pergamino escrito en la mano humana. Es el pergamino del destino que los lectores de la palma de la mano se esfuerzan por leer. En el Salmo 91:12 la Biblia dice que los ángeles te llevarán en sus manos. Nadie puede deshacer el registro de la intención de Dios inscrito en la palma de nuestras manos. "Nada me faltará" se usa como un imperativo, una seguridad porque la presencia de Yahweh asegura que nuestras manos estén siempre llenas del registro y el flujo de Su intención divina que, según las Escrituras, es Su buena voluntad.

Si obramos desde un lugar de carencia, nunca podremos estar tranquilos. La respuesta a nuestra inquietud podría ser cambiar nuestra perspectiva hacia la capacidad de Dios para proveernos.

" En lugares de delicados pastos me hará descansar; Junto a aguas de reposo me pastoreará".

El único lugar donde existen aguas tranquilas es en la sala del trono. En el libro de Apocalipsis, cuando Juan vio el trono de Dios, vio que el mar era como vidrio. El mar no tenía ondas. David sabía que todavía había aguas porque él había estado allí, "David, hijo de Isaí, el hombre que fue llevado al cielo" (2 Samuel 23:1).

Dios nos ha quitado todas las excusas para andar en la escasez. Dijimos que el diablo era nuestro problema, Dios venció al diablo en la cruz. Dijimos que nuestro pecado era el problema, Dios dio su sangre para lavar nuestro pecado. Dijimos que era la oscuridad, Dios nos hizo luz. Dijimos que no teníamos amigos, Dios se convirtió en nuestro amigo y nos rodeó de ángeles. Cuando olvidamos la verdad de que Yahweh es nuestro Proveedor siempre presente y que recibiremos de Él, permanecemos obrando en la escasez.

אתה

CAPÍTULO 2

EN LUGARES DE DELICADOS PASTOS

Todos los muros del mundo se basan en la idea de escasez o ansiedad; la ansiedad se basa en una sensación subyacente de escasez.

La mayoría de los sistemas sociales, como la política y la economía, se basan en la idea de escasez. El sistema económico se basa en la idea de recursos limitados en la tierra, y cómo esos recursos son controlados y asignados para que ninguna persona o grupo reciba demasiado. En consecuencia, hemos sido entrenados para obrar desde una posición de carencia y escasez, lo que afecta todo lo que hacemos. En el Salmo 23, David escribió: "El Señor es mi pastor; nada me faltará". Esto indica cómo David aprendió a vivir sin una sensación de carencia que respaldara su vida. David se refería a una vida sin carencias. Deberíamos ser como David y obrar desde un lugar donde nuestras vidas estén sin una sensación de carencia. No es que no haya carencia, sino que no hay sensación de carencia. El Salmo dice: "Nada me faltará". Con esta expresión, David reveló que colocó la idea o el sentido de la abundancia en la estructura interna de sí mismo. Si trabajáramos la estructura mental de escasez o carencia, nos abriríamos al flujo de la abundancia.

David escribió acerca del Señor como su pastor. La palabra hebrea para "pastor" en el Salmo 23 es "Ra'ah" (רָעָה). Esta es una palabra fascinante porque significa más que un pastor que cuida de sus ovejas. "Ra'ah" podría traducir la frase como: "El Señor es mi manera de ver". Recordemos que Abraham llamó al Señor "Jireh" porque "Jireh" (יִרְאֶה) significa ver, aunque a menudo se ha dicho que significa provisión. Por lo tanto, Jehová Jireh no es realmente el Señor es mi proveedor; es el Señor ve y la manera de ver. Cuando Dios creó el mundo, primero habló; después, vio. Esto es importante porque nuestras vidas están determinadas tanto por lo que decimos como por lo que vemos. El Salmo 23 puede leerse: "El Señor es mi manera de ver; nada me faltará". Cuando vemos la forma en que Dios ve, abre nuestro ser al desbordamiento de la abundancia. Cada ser humano lleva dentro de su estructura interna el registro completo de la provisión divina. Hasta que los seres humanos ven la forma en que Dios ve, están entrenados para ver desde la perspectiva de la escasez.

David escribió: "En lugares de delicados pastos me hará descansar."

> El descanso no es dormir; el descanso es una calma y tranquilidad interior poco común cuando nada te mueve dentro.

"En lugares de delicados pastos me hará descansar; Junto a aguas de reposo me pastoreará." Este versículo revela los principios y la tecnología para aprovechar y liberar la abundancia dentro de nosotros. Si una sensación de escasez causa ansiedad e inquietud, entonces una sensación de abundancia causa descanso.

Quizá la razón de nuestra ansiedad sea que nos centramos en lo que no tenemos, en lo que quizá nunca tengamos, o en que otros lo reciban y se acabe antes de que tengamos nuestra oportunidad. Esta idea de escasez es como el modelo del vendedor: ¡Consíguelo antes de que se acabe! ¡Es la última venta del año! Todos los anuncios hablan de que las cosas se van a acabar. Sin prisa, sin hacer esto o aquello, entonces se va a acabar. Al año siguiente, incluso con los mismos anuncios, respondemos de la misma manera.

En lugares de delicados pastos me hará descansar

Este principio de reposo es siempre la tecnología para liberar la abundancia o el registro de abundancia de divinidad que estaba en la mente y la intención de Dios antes de crearnos. Ahora bien, hay que distinguir el descanso del sueño; el descanso es una calma y tranquilidad interior poco comunes, cuando nada nos mueve por dentro. El descanso es estar en el centro de la tormenta donde la ola no existe, a pesar de que la tormenta está rugiendo a nuestro alrededor. Eso es lo que ocurre si nos conocemos a nosotros mismos y adoptamos una forma de ver que se centra en el lugar adecuado. Dependiendo de nuestra perspectiva, si miramos algo terrible, podemos tener ansiedad por lo que vemos o podemos seguir teniendo paz.

Dios habla del descanso desde el Génesis. La Biblia está repleta de: "Yo te daré descanso"; sin embargo, el descanso no es un cese del trabajo o actividad. Es una paz interior. En África, decimos que un gran bailarín es alguien que se mueve y a la vez está quieto. Los europeos dicen que las bailarinas tienen gracia. Entonces, cuando se baila con gracia, parece que el baile no requiere esfuerzo. Encuentra ese centro y quédate allí pase lo que pase. Encontrar ese centro no consiste en sentarse en casa a ver la televisión, comer burritos y beber coca-cola. Eso no es descanso; es pereza. Por lo tanto, descansar en lo más profundo de tu ser no es pereza. Demasiados creyentes piensan que descansar es detenerlo todo. Los buenos guerreros siempre descansan.

Incluso Dios descansa. Jesús dijo que mi Padre trabaja hasta ahora y yo también trabajo. Sin embargo, la Biblia dice que Dios descansó. Esto es un misterio: Dios, quien trabaja y también quien está en reposo, es quien es Dios. La idea del descanso es probablemente una de las mayores claves para desentrañar la profundidad de lo que llevamos dentro, lo que se insinúa en las expresiones "estad quietos y no os afanéis por nada". Una forma de saber que tenemos descanso es si creemos algo absolutamente, independientemente de lo que ocurra a nuestro alrededor, porque la fe es una expresión de descanso, no de agitación mental. Pero muchos han convertido la fe en: "¡Tienes que creer!". En verdad, la fe que obra desde el descanso es más poderosa que la fe que obra desde el estar ocupado. Dios dijo acerca de Israel: "No los llevaré a mi reposo porque no creen". Por lo tanto, la fe crea descanso, pero el descanso da a luz a la fe. Si no creemos, no estaremos en paz. Si no estamos en paz, no creeremos.

> La idea de descansar es probablemente una de las mejores claves para desbloquear la profundidad de lo que hay dentro de ti, esa sensación de "estar quieto y no estar ansioso por nada".

David dijo: "Junto a aguas de reposo me pastoreará". La palabra que se usa para "junto" es la palabra "al" (עַל) en hebreo. Esta palabra significa "sobre" o "flotar sobre" el agua, no al lado del agua.

Eso debe decir: "Él me conduce sobre las aguas de reposo". Ahora, en lugar de caminar por el río, en realidad estamos en el centro del río; estamos en el río. Estamos sobre el río o flotando sobre él. Ahora, David no quiso decir que Dios lo guió por el mar en la tierra porque el mar en la tierra no está en calma. Se refería al mar en el cielo porque es el único lugar donde hay un mar que produce sin agitación.

En Apocalipsis 15:2, dice: "Vi también como un mar de vidrio mezclado con fuego". No es el mar de cristal; parece de cristal porque está completamente quieto. No importa lo que le pase o le hagan, no tiene ninguna ondulación porque no es un mar en el tiempo; está en el lugar de la eternidad. Nada lo mueve, lo que significa que es un mar inmutable. Si estamos obrando en ese mar y Dios nos coloca allí, las estaciones no nos importan porque estamos viviendo en la fuente misma de la vida. El tiempo, los cambios y los altibajos no importan. Además, el agua es símbolo de abundancia. El mar tiene más criaturas que la tierra; es la fuente de la abundancia. Cuando Jacob bendijo a uno de sus hijos, aludió al mar: "la abundancia del mar vendrá a ti". Estar en el mar significa que estamos parados desde el lugar donde Dios libera abundancia sobre la tierra, sin importar nuestra edad, etnia o características físicas, etc. No estamos bajo el mar; estamos sobre el mar, un lugar de dominio y gobierno en reposo.

El descanso es un lugar o estado de calma que produce abundancia sin agitación. Por ejemplo, Francia es una de las primeras naciones en dar a los trabajadores fines de semana libres. Cuando Francia implementó esta práctica, muchos dijeron que Francia iba a morir económicamente; sin embargo, Francia descubrió que cuanto más le daban a su gente un lugar de descanso, más aumentaba su productividad.

> La riqueza no viene de fuera, ¡viene de dentro!

Por ello, Francia sabe que cuando los trabajadores descansan, vuelven al trabajo con más energía. Dar a los trabajadores fines de semana libres es ahora una ley en el país. Los psicólogos organizativos saben que los trabajadores necesitan un periodo de descanso después de trabajar tres horas seguidas, sobre todo en trabajos manuales.

Intrínseco a la ley natural está el principio del reposo que conduce a la renovación. Cuando obramos en reposo, activamos la abundancia en nosotros que restaura el alma. David dijo: "Él restaura mi alma". El descanso es un proceso reparador que nos rejuvenece.

En el rejuvenecimiento, estamos produciendo algo nuevo cada vez porque nos da acceso a nuestro inconsciente. Por el contrario, hasta que no estemos en reposo, nuestro inconsciente resulta inaccesible. De lo contrario, estamos obrando desde nuestro subconsciente, que es desde donde empujamos todo nuestro desorden.

Obramos desde la perspectiva del desorden, de modo que todo lo que estamos haciendo se basa en nuestro dolor y nuestras malas experiencias; En consecuencia, no podemos acceder al registro divino de nuestras almas que vino con nosotros desde el cielo. La sociedad nos ha entrenado para obrar desde la perspectiva del desorden que nos inclina del reposo a la preocupación; sin embargo, cuando descansamos, llegamos a una conciencia divina a la que la preocupación impide acceder.

Somos la abundancia. En términos de capitalismo, los empleadores nos pagan por nuestro trabajo. Pero en realidad, no se nos paga por la persona para la que trabajamos. Nos pagan por lo que llevamos. Tomamos lo que llevamos dentro y se lo damos a alguien. La persona nos da dinero. La riqueza no viene de fuera; viene de dentro. La única forma en que realmente se puede acceder a la riqueza es descansando. Jesús dijo: "Venid a mí todos los que estáis trabajados y cargados, y yo os haré descansar". Además, la Biblia nos dice que trabajemos para entrar en su reposo. Nuestro enfoque debe ser llegar a un lugar de descanso.

אתה

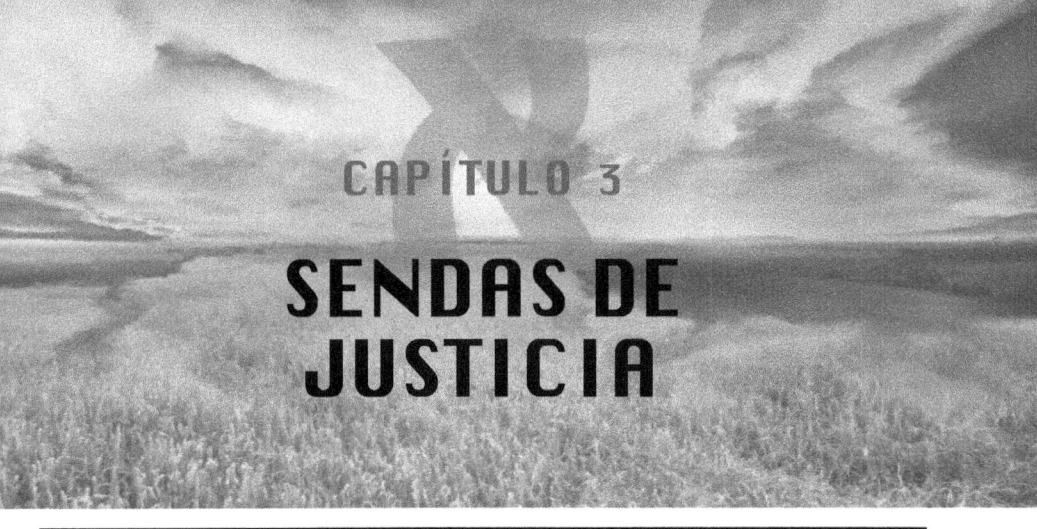

CAPÍTULO 3

SENDAS DE JUSTICIA

> Nuestro problema fundamental es que hemos sido condicionados a adoptar un concepto de escasez.

Nos criaron con la idea de que las cosas se acaban. Este problema fundamental nos impide operar en la plenitud del crecimiento del Padre. Nuestro concepto de escasez está tan arraigado en nuestro pensamiento que incluso pensamos que Dios no tiene suficiente para nosotros. No podemos negar que esta es nuestra forma de pensar (he hablado con creyentes que dicen cosas como: "Hay otras personas de las que Dios necesita cuidar" y "No quiero molestar a Dios". De hecho, aconsejo a las personas que dicen esas cosas). Esta forma de pensar ha estado arraigada en nosotros desde el momento en que nacimos; en nuestra sociedad la gente en el mundo vive en la escasez. Nos matamos porque creemos que no hay suficiente. Nos ofendemos incluso por puestos de trabajo porque pensamos que sólo hay unos pocos puestos que cubrir.

Dos personas, que discuten sobre algunas cosas que saben que Dios provee en abundancia, no están pensando racionalmente, de acuerdo con la verdad de Dios. Esto es indicativo de la forma en que fuimos condicionados a pensar; actuamos de esta manera. No obstante, fuimos traídos a este mundo con una abundancia completa de la provisión del Padre. En realidad, Dios no le quitó la provisión a Adán; sólo dijo que el hombre va a sudar para manifestarla. La abundancia total de la provisión del Padre es accesible, debemos sudar para manifestarla y acceder a ella. Comenzamos con una afirmación del hecho de que venimos de, obramos en, vivimos en abundancia y caminamos hacia la manifestación de la abundancia porque está en nosotros. Dios no es un Dios de carencia o escasez.

Dios no se agota cuando se trata de nosotros. Si lo creemos

de verdad, nuestra vida y nuestra forma de percibir las cosas serán distintas de cómo nos comportamos. David dijo: "El Señor es mi pastor; nada me faltará". La palabra "faltará" significa una percepción constante de que necesitamos algo que no ha sido dado.

Nos preocupamos por cosas que no son nuestra responsabilidad. Si Dios es el pastor, es responsabilidad del pastor llevar a las ovejas al lugar de provisión. La responsabilidad de las ovejas es comer cuando llegan al pasto. No es responsabilidad de las ovejas plantar pasto. Hay suficiente pasto para las ovejas. Del mismo modo, nuestra provisión está completa. Es nuestra percepción la que crea un bloqueo entre la provisión y el flujo hacia nosotros. Para asegurarse de que tengamos acceso a la provisión, Dios nos hace descansar en pastos verdes y delicados; Él nos conduce junto a aguas de reposo. Él restaura nuestras almas y nos guía por las sendas de la justicia por amor de Su nombre.

David escribió: "Él me guiará", o en hebreo "Él me engatusa". Engatusar no significa forzar. Originalmente, la palabra era usada para referirse a guiar y ayudar a alguien con gestos de bondad para llevarlo a donde va, para alentarlo a avanzar en una determinada dirección. Debemos permitir que Dios nos guíe para que podamos acceder a la abundancia. Guiar no es forzar. Dios no nos obliga a ir a donde está la provisión. Dios obra mostrándonos cosas, dándonos percepción; por lo tanto, para poder saber dónde está la provisión nuestros ojos tienen que estar abiertos. Cuando Abraham estaba en el monte, la Biblia dice: "En el monte de Jehová será provisto " (Génesis 22:14). El texto hebreo dice que Abraham llamó al lugar donde estaba Jehová Jireh. Anteriormente, discutimos que Jehová Jireh significa que el Señor se encargará de ello o YO me encargaré de ello, no que el Señor proveerá. Abraham llamó al lugar donde él estaba Jehová Jireh, que significa que en la montaña se verá. Esto revela que la clave de la provisión es nuestra capacidad de ver. En otras palabras, la realidad de la provisión está a nuestro alrededor. Además, la gente gana dinero y se enriquece cada día. En realidad, hay principios y tecnologías, y cosas que se negocian a diario. Pero si no podemos ver, no importa. Si no podemos verlo, no vamos a acceder a él. Necesitamos aprender a ver de verdad porque confirma, afirma y solidifica las cosas espirituales en cosas materiales.

Dios quiere que miremos con los ojos de la fe. La fe cambia nuestras situaciones para convertirlas en algo que podemos manejar. Es vital cómo vemos: si no vemos nada, nada estará allí; Si, cuando

אחדה

estamos buscando la provisión de Dios, decimos que no vemos nada, entonces eso es lo que vamos a obtener. Jesús le dijo a Tomás: "bienaventurados los que no vieron, y creyeron" (Juan 20:29). Si decimos: "Hasta que no lo vea, no creeré", entonces necesitamos verlo para poder creerlo. No necesitamos verlo en lo físico, sino en lo espiritual. Si ver es creer para nosotros, entonces necesitamos orar para ver.

> Todo lo que Dios puso en ti está destinado a atraer la abundancia.

Si ver es realmente nuestro problema, entonces debemos pedirle a Dios que nos deje ver. Ya sea que veamos desde nuestro ser interior, desde el ojo de nuestra mente, en el espíritu, en nuestra alma, entonces vamos a creer. Y si creemos, nada es imposible para el que cree.

Hay muchas maneras de verlo. Podemos aprender qué tipo de visión tenemos y usar esa visión para discernir nuestra abundancia. Por ejemplo, es posible que algunos no tengan una percepción espiritual, pero tienen una visión sensible porque no todos ven las cosas espirituales; sin embargo, todos pueden sentir algo cuando está a su alrededor. Por lo tanto, estos pueden usar su sentimiento como vista y entrenarse para sentir la abundancia. Porque si pueden sentir la abundancia, probablemente puedan verla. El problema al que nos enfrentamos es que sentimos pobreza, carencia, y nos entrenamos para sentirla. Nos contamos historias de cómo todo está acabado, no hay dinero en la casa, nada en el armario, no hay comida en la casa, etc. Si nos hemos entrenado para sentir carencia, escasez y pobreza, podemos entrenarnos para sentir abundancia. Algunos han dicho que el universo se dobla para darnos lo que sentimos porque lo atraemos hacia nosotros.

Todo lo que Dios puso en nosotros está destinado a atraer abundancia. Aunque podamos hacer un mal uso de ella, su origen no es malo. Si se usa de manera adecuada y correcta, atraerá lo que necesitamos en la vida. Nuestro sentimiento es magnético. Algunas personas de la generación anterior dedicaban tiempo a desarrollar lo que llamaban su "personalidad magnética". Con esta práctica, sentían lo que deseaban. Podemos hacer lo mismo tomando pasajes de las Escrituras que traten sobre la abundancia y declararlos sobre nosotros mismos para que nuestros cuerpos físicos puedan sentirlo. Cuando sentimos algo, afecta a todo. Para sentirlo, debemos ponerle voz.

Tenemos mucho a nuestra disposición. No somos como los antiguos que tenían que hablarles a las paredes y que les llegara el eco. Esta es una de las razones por qué se construyeron las antiguas catedrales que cuando hablaban, el sonido les devolvía el eco y sus cuerpos vibraban una cierta frecuencia que les permitía acceder a algo.

> Dios te llama a abrir tus ojos.

El eco en las catedrales no es solo ruido. Produjeron una frecuencia vibratoria que cuando resuena desde las paredes o el techo, rebota en tu cuerpo. Estas cosas están a nuestra disposición; con nuestra mejor voz, alegre y fiel, podemos tomar todos esos pasajes de abundancia, aumento y desbordamiento, grabarlos y reproducirlos mientras dormimos. Podemos usar nuestra propia voz, no la voz de los demás. Sin embargo, debemos orar para ver. En muchos lugares de las Escrituras en los que alguien oró por algo, Dios abrió los ojos y vieron: Hageo, Saúl, Jacob y Abraham, por ejemplo. Abraham miró detrás de él y vio al cordero. Miró, vio y lo tomó. Sin embargo, todavía nos falta algo. Los judíos fueron gente pobre durante muchas generaciones, el pueblo más pobre de la tierra. Los judíos estaban extremadamente empobrecidos porque Dios pasó 40 años mostrándoles la riqueza del cielo, algo de lo que un judío puede ver la causa. Nosotros podemos hacer lo mismo. Dios nos trajo del cielo para que tengamos la capacidad de ver las cosas del cielo. Tenemos la capacidad de ver la plenitud de lo que está ahí.

En el Salmo 23:3, David dijo: "Él me guía por sendas de justicia". Muchas veces, se ha citado como "Él me guía por el camino de la justicia"; sin embargo, no se trata de un camino único. El camino es uno, pero los caminos son muchos. Jesús enumeró algunos de estos caminos en las diez Bienaventuranzas. Estos caminos también se encuentran en todos los mandamientos de Jesús en los capítulos 5, 6 y 7 de Mateo. Jesús nos enseñó unas treinta y dos maneras de comportarnos. Él no enseñó estas cosas como algo que simplemente hay que hacer. Él nos dio una forma de acceder a la plenitud. Separamos las bienaventuranzas del resto de los mandamientos en Mateo porque estamos demasiado influenciados por el capítulo y el versículo. La enseñanza de Jesús era una enseñanza completa que no estaba separada por versículos. Cuando lo tomamos como un todo, realmente se trata de vivir la plenitud de Dios y la plenitud del cielo. Por ejemplo: "Bienaventurados los pobres de espíritu, porque ellos heredarán la tierra". De hecho, todas las parábolas tratan sobre los negocios y el acceso al desbordamiento y la abundancia.

En muchas de las parábolas, el patrón es que un hombre ve algo, lo encuentra y luego lo ve. Dios nos llama a abrir los ojos. Quiere guiarnos mostrándonos cómo abrir nuestros ojos. En Nigeria, la gente tiene un dicho: Que brillen tus ojos. Esto significa despertar y ver lo que realmente está pasando. Nuestros ojos son importantes. Debemos hacer brillar nuestros ojos físicos, nuestros ojos espirituales, los ojos de nuestras almas, los ojos de nuestros cuerpos, y escuchar atentamente cómo el Señor nos está guiando en todas esas dimensiones.

En las Escrituras, la justicia está ligada a la prosperidad. Dios nos guía por sendas de justicia. Y nuestra definición de justo no es la definición de Dios. La verdad es que ya sabemos que todavía no vivimos siendo perfectamente justos; sin embargo, caminar por sendas de justicia no significa que hagamos todo bien. En Isaías 35:8, Dios dijo que Él construirá una calzada en la que ni siquiera un lisiado o un necio errarán o se desviarán de ella. Si caminar en sendas de justicia dependiera de que hiciéramos todo bien, entonces vamos a esperar para siempre. No debemos seguir pensando así porque las sendas de justicia son en realidad un camino de conexión y amor a Dios, y hay muchos.

Proverbios 8:1-3 dice:

> ¿No clama la sabiduría, Y da su voz la inteligencia?
>
> ² En las alturas junto al camino, A las encrucijadas de las veredas se para;
>
> ³ En el lugar de las puertas, a la entrada de la ciudad, A la entrada de las puertas da voces (Reina-Valera 1960)

Cuando comenzamos a leer el texto, leemos que Salomón dijo que si escuchas su voz, vas a tener riquezas. La riqueza es la corona de un hombre sabio. Cuando Dios le dio los mandamientos para Israel, Moisés dijo: "Esta es vuestra sabiduría". La sabiduría es una persona, tanto mujer como hombre. Según las Escrituras, la Sabiduría es una mujer; se hace referencia a ella como "ella". La sabiduría es tu primera consulta; te conocía antes de que tu ADN fuera puesto en la tierra. Además, la Biblia dice: "Jesucristo, la sabiduría de Dios, justificación, santificación y redención" (1 Corintios 1:30).

Por lo tanto, la sabiduría es a la vez hijo y madre. La sabiduría es la razón por la que Jesús, cuando estaba en la cruz, dijo a Juan: "¡Mira a tu madre! ¡Mujer, ahí tienes a tu hijo! La sabiduría habla así, según los antiguos, porque siempre está llena de abundancia. La sabiduría no es la idea práctica de ordenar que las cosas sucedan. En el libro de Proverbios, la sabiduría no es construir nada. La sabiduría ora en la presencia de Dios y danza en la presencia de Dios.

La verdadera sabiduría es disfrutar de lo que Dios hace; sin embargo, no podemos disfrutar de lo que Dios hace, si nos preocupamos por lo que no ha hecho. La sabiduría no es lo que insistimos en que es, especialmente cuando anteponemos lo práctico. Proverbios 8:22-31 dice de nuevo:

"Jehová me poseía en el principio, Ya de antiguo, antes de sus obras.

Eternamente tuve el principado, desde el principio, Antes de la tierra.

Antes de los abismos fui engendrada; Antes que fuesen las fuentes de las muchas aguas.

Antes que los montes fuesen formados, Antes de los collados, ya había sido yo engendrada;

No había aún hecho la tierra, ni los campos, ni el principio del polvo del mundo.

Cuando formaba los cielos, allí estaba yo; Cuando trazaba el círculo sobre la faz del abismo;

Cuando afirmaba los cielos arriba, Cuando afirmaba las fuentes del abismo;

Cuando ponía al mar su estatuto, Para que las aguas no traspasasen su mandamiento; Cuando establecía los fundamentos de la tierra,

Con él estaba yo ordenándolo todo, Y era su delicia de día en día, Teniendo solaz delante de él en todo tiempo.

Me regocijo en la parte habitable de su tierra; Y mis delicias son con los hijos de los hombres."

La Sabiduría se regocijaba cuando no había nada, y se regocijaba cuando Él creaba algo. Ella estaba allí cuando Él ponía un círculo en la nada, y Ella miraba y se regocijaba con Él.

Ella se regocijó con los hijos de los hombres antes de que estuvieran en la tierra. La verdadera sabiduría disfruta de lo que Dios ha hecho o de lo que Dios está haciendo; la Sabiduría no se queja de lo que Dios no está haciendo.

Una de las sendas de justicia es un camino de interconexión entre Dios y nosotros. Este camino nos lleva a la abundancia completa a medida que disfrutamos y nos regocijamos en lo que Dios hace. La razón de nuestra continua carencia, pobreza y limitaciones es que no valoramos lo que es que se nos ha dado.

Estamos constantemente buscando algo, y no nos damos cuenta de que la alegría que tenemos por lo que está presente es lo que hace que la puerta abierta crezca. Por ejemplo, si alguien les da a los niños un centavo o un dólar, se alegran mucho. Pero si alguien le da un dólar a un amigo, se olvida de que tiene un dólar y comienza a luchar por el dólar de su amigo. Cuando pensamos que lo nuestro no es suficiente, podemos tender a comportarnos como niños. La idea de que somos la clave de nuestro propio avance, prosperidad y abundancia es sólidamente bíblica.

> Pídele a Dios que te dé visión para ver dónde se encuentra tu abundancia. Puede que te sorprenda darte cuenta de que Dios te señala a ti.

Debemos pedirle a Dios que nos dé visión para ver dónde se encuentra nuestra abundancia; Dios te señalará. Debemos aprender a ver lo que hay dentro de nosotros. Debemos obtener sabiduría, no aprender a crear algo, sino hacer lo que la sabiduría hizo en presencia del amor, regocijándonos en lo que tenemos y hablando bien de lo que tenemos. Si hacemos esto, entonces lo que tenemos liberará su fragancia en nosotros. No necesitamos el mundo entero; solo necesitamos una semilla por la que cantar, regocijarnos, incluso en medio del caos.

En esta temporada, Dios me habló: "Quiero exponer a mi pueblo a un corazón de abundancia". No me dijo que nos iba a dar dinero; Él me dijo: "Los expondré a un corazón de abundancia". Hay suficiencia en el mundo; el mundo no se acabará. Hay suficiente para todos. Dios no nos creó y decidió que cuando naciéramos se acabaría la abundancia. Independientemente de cualquier circunstancia, llevamos la misma abundancia. Nuestras situaciones y luchas actuales tienen el propósito de llevarnos al siguiente nivel de nuestra abundancia.

Debemos centrar nuestra mente en la abundancia. Debemos dejar que nuestros sentimientos reciban la abundancia. Debemos celebrar lo que está en nuestras manos. No podemos ser perezosos. Una persona perezosa no puede alabar y adorar a Dios por lo que está presente porque se necesita toda su fuerza y poder para hacerlo. Se necesita fuerza para no quejarse cuando todo en nosotros está diciendo "quéjense" o para regocijarse en medio de lo que parece que nada va bien. La persona que adora y celebra a Dios en lo que tiene es en realidad una persona fuerte.

CAPÍTULO 4

ANDAR EN LAS SOMBRAS

Aunque ande en valle de sombra de muerte,

No temeré mal alguno, porque tú estarás conmigo;

Tu vara y tu cayado me infundirán aliento.

... ¿Cómo nosotros, como creyentes, todavía obramos bajo este principio de abundancia en el contexto de la sombra de muerte?

Cuando David escribió: "ande en valle de sombra de muerte", citó a Job. Job usó la frase "sombra de muerte" de manera negativa al menos cinco veces para dar a entender "la sombra de mi vida está desapareciendo". Desde la perspectiva de Job, una sombra es fugaz, temporal y cambiante; no es constante. Es oscura y evasiva (en mi tradición nativa, hablamos del árbol de la vida y hablamos de los árboles de sombra). Las "sombras", en la tradición inglesa, son como demonios. Hay una sombra que nos impide o incluso mata el flujo de la riqueza divina, la prosperidad divina, el desbordamiento divino y la abundancia en nuestras vidas. Cuando estamos en posición de alinearnos con el fluir de la prosperidad, la naturaleza fundamental del pastor, el fluir del corazón del pastor y todo lo que viene con él, para recibir lo que surge del reposo, vienen eventos cambiantes, como sombras. en nuestras vidas. Están destinados a crear actitudes, ideas o respuestas que obstaculizan nuestra capacidad de recibir lo que fluye de nuestro pastor en nuestras vidas. Cuando David escribió: "Aunque ande en valle de sombra de muerte, no temeré mal alguno", quiso decir que en realidad no es necesario que estemos en sombra de muerte porque Dios ya nos ha dicho nuestra posición.

אתה

Vuelve a leer estos versículos:

Jehová es mi pastor, nada me faltará.

En lugares de delicados pastos me hará descansar; Junto a aguas de reposo me pastoreará.

Confortará mi alma; Me guiará por sendas de justicia por amor de su nombre.

Ya nos ha dicho nuestra posición. No tenemos que permanecer en el valle de sombra de muerte.

En Efesios 1:3 dice:

Bendito sea el Dios y Padre de nuestro Señor Jesucristo, que nos bendijo con toda bendición espiritual en los lugares celestiales en Cristo,

Este mundo no es un mundo de sombra. Las sombras se mueven según la posición de la luz. Si hay una sombra, hay que preguntarse qué tipo de sombra es y dónde está colocada la luz para proyectar la sombra.

Hay una sombra de muerte y una sombra de vida. Ahí está la sombra del ala de Dios. El tipo de sombra depende del tipo de luz de la que provenga. La sombra de muerte es el resultado de una luz falsa que se proyecta sobre nuestras vidas para apartar nuestros ojos y nuestras mentes de donde estamos sentados, como se revela en los tres primeros versículos del Salmo 23. Cuando estamos en el valle de sombra de muerte, tenemos que darnos cuenta de que la sombra es proyectada por un tipo de luz falsa.

Dios tiene todo lo que necesitamos. Él no nos está ocultando nada. Él quiere obrar en nuestras vidas. Él quiere que prosperemos. Aunque sabemos que esto es cierto, cuando surgen ciertas circunstancias, comenzamos a creer en cuestiones y condiciones transitorias, cosas que la gente nos dice y cosas que nos decimos a nosotros mismos.

> Si empiezas a depender de algo que no sea lo que está establecido en el reino espiritual, creas una sombra falsa sobre ti mismo.

Entonces, comenzamos a depender de las predicciones de la economía y de todas las cosas negativas que podrían suceder en el mundo. Si comenzamos a depender de algo distinto de lo que está establecido en el reino espiritual, creamos una falsa sombra sobre nosotros mismos, la cual mata. Primero mata nuestra concentración y pone nuestro enfoque en lo que ya sabemos creando dudas. Y la duda es una sombra de muerte. Por el contrario, la fe es luz. La fe proclama: "Aunque ande por valle de sombra de muerte, no temeré mal alguno".

Una forma de superar las falsas sombras y cambiar sombras es seguir moviéndose. Nunca debemos permitirnos quedarnos atrapados en lo que nos sucede porque nos matará y destruirá. Seguir caminando y seguir moviéndose es una forma de lidiar con la sombra de la muerte.

La duda y el miedo van de la mano. Ambos nos mantendrán atrapados en el valle de sombra de muerte. Cuando David dijo:

"Aunque ande en valle de sombra de muerte", enumeró lo que son las sombras: La duda es una sombra, el miedo es una sombra, la falta de visión, que es ceguera, es una sombra. Cuando carecemos de visión, estamos ciegos y estamos a la sombra de muerte. "Sin profecía el pueblo se desenfrena; Mas el que guarda la ley es bienaventurado." (Proverbios 29:18).

> Estar atrapado en el valle de sombra de muerte da como resultado la sombra de la culpa.

La falta de visión nos lanzará a un abismo en espiral. Cuando estamos atascados en el valle de sombra de muerte en el que estamos dudando, temerosos y carentes de visión, nuestra tendencia debe ser averiguar quién o qué es lo que nos impide ser capaces de movernos. Mientras estemos atrapados en el valle de sombra de muerte, no se nos permite ver quiénes somos, ni positiva ni negativamente. Cuando alguien habla de sí mismo negativamente, está buscando a alguien a quien culpar. Alguien se puede preguntar: "¿Por qué hago esto o por qué estoy en esta situación?". Primero culpará al diablo, quien se lleva toda la culpa. Puede que incluso culpe a Dios. Es probable que nunca se culpe a sí mismo. Estar atrapado en el valle de sombra de muerte produce la sombra de la culpa.

Cuando caminamos por el valle de sombra de muerte, no tenemos que temer el mal "porque Tú estarás conmigo; Tu vara y tu cayado me infundirán aliento" (Salmo 23:4). En hebreo, "Tú" es Atta (אַתָּה), una referencia al nombre de Dios.

אתה

Tú [eres / estás] >   ʾat·tāh >   אַתָּה

En inglés antiguo, Atta se traduce como Tú, que es una referencia para la realeza. Cuando decimos "Tú" hoy en día, es una referencia común que podría usarse para cualquiera. Sin embargo, en este caso, el "Tú" tiene este significado de realeza y respeto.

David dijo que la razón por la que podemos lidiar con las sombras es que Atta está con nosotros: Aleph, Tav, Heh (התא). Si quitamos el Heh, nos quedamos con Aleph Tav, que es Alfa y Omega. El Alfa es la primera letra de Atta; abre un sistema que de otro modo estaría cerrado. En otras palabras, no tenemos que tener miedo en el valle de sombra de muerte porque estamos en un sistema que siempre está abierto a la posibilidad. Porque Atta está con nosotros, la posibilidad está con nosotros. Hay otra sombra llamada [foráneo 1:20:15] o en hebreo [foráneo 1:20:18]. La Biblia dice en el Salmo 91:

El que habita al abrigo del Altísimo morará bajo la sombra del Omnipotente. (Reina Valera 1960)

Veamos de nuevo el hebreo para "No temeré mal alguno", que se pronuncia "Lo yi ra ra".

rāʾ	ʾî·rā	lō-
רָא	יְרָא	לֹא
mal	temeré	no

"Yi ra" es una combinación del Yod Resh y el Aleph. La palabra para el "mal" es Resh Aleph. "Yod" se añade a Resh Aleph (mal); indica que es la mano de Dios y que está por encima del mal. "Ra" es "mal", pero "yira" es estar por encima del mal. En el valle de sombra de muerte, no tememos mal alguno porque Atta está con nosotros. Caminamos con posibilidades abiertas ante nosotros; podemos seguir avanzando. Nunca nos quedaremos atrapados en la sombra de muerte porque entendemos quién está con nosotros. Atta está conmigo y Su vara y Su cayado me infunden aliento.

La Vara y el Callado son realmente dos pilares en la Casa de Dios que Él usa para consolarnos: misericordia y fortaleza. Su misericordia y su fuerza son las razones de nuestro consuelo.

yenachamuni	heimmah
יְנַחֲמֻנִי	הֵמָּה
consolarme	Ellos

Podemos recordar que Atta está con nosotros, abriendo posibilidades, y la misericordia está en nuestra mano derecha y la fuerza está en la mano izquierda. La fuerza y la misericordia no nos están infundiendo aliento futuro, como si solo fuera para consolarnos en el futuro; crean una posición de descanso para nosotros ahora, en el presente. Nuestra meta es ponernos en una posición de descanso para recibir lo que el Padre ya ha hablado al comienzo del Salmo 23. Cuando estamos en el contexto de sombra de muerte, debemos encontrar descanso porque estas sombras vienen a alejarnos del reposo, lo que nos imposibilita recibir lo que realmente nos pertenece. A causa de la alteración, perdemos nuestro momento.

En nuestro mundo, los hombres codiciosos y poderosos están intentando crear un sistema de miedo; tenemos que permanecer en una posición de descanso. Independientemente de cualquiera de nuestras diversas persuasiones, estamos caminando en el valle de sombra de muerte. Muchas cosas están surgiendo en el mundo, pero un creyente no puede permitir que estas circunstancias le impidan entender que Atta siempre está presente; la misericordia y la fuerza siempre están presentes para brindar consuelo y descanso. Debemos aprender a permanecer en esta posición de reposo que permite al creyente recibir en medio de la alteración, prosperar en medio del valle de sombra de muerte, y traer vida incluso donde hay muerte.

Si bien estas sombras se proyectan para apartar nuestro enfoque del descanso, no son permanentes. Las sombras son temporales, especialmente la sombra de muerte. Solo la sombra bajo el ala de Dios es permanente. Es la sombra de El Shaddai, el nombre de la provisión. Si estamos bajo la sombra de El Shaddai, realmente estamos viviendo bajo la luz perfecta. La sombra del Padre es una sombra de luz, no de tinieblas, dudas o destrucción.

Dice en el Salmo 121:5:

> Jehová es tu guardador;
>
> Jehová es tu sombra a tu mano derecha.

En este texto, David no se estaba refiriendo a la misma sombra que en el Salmo 23 porque Dios es luz; no hay oscuridad en Su sombra. Imagina que la luz golpea a alguien y su sombra se vuelve como una luz brillante, en lugar de bloquearla. David estaba revelando esto acerca de la sombra del Padre. Así que, a la sombra del ala de Dios, Dios transfiere Su luz a nuestras circunstancias. Es una segunda sombra, quizás, la que fluye en nuestro contexto cuando estamos en el valle de sombra de muerte. En otras palabras, siempre tenemos una sombra de luz presente. Parece contradictorio: una sombra es luz. Es la luz que es una manifestación clara y translúcida de la divinidad en el contexto de nuestra oscuridad.

> No temeré mal alguno, porque tú estarás conmigo; Tu vara y tu cayado me infundirán aliento.

El aliento y el descanso son la base de los milagros.

> "Consolaos, consolaos, pueblo mío, dice vuestro Dios. Hablad al corazón de Jerusalén; decidle a voces que su tiempo es ya cumplido, que su pecado es perdonado; que doble ha recibido de la mano de Jehová por todos sus pecados".

> (Isaías 40:1-2 Reina Valera 1960)

En este contexto de las Escrituras, cuando Dios habló de consuelo, dijo que no importa por lo que alguien esté pasando, las pruebas ya pasaron; el dolor que vino antes ya está sanado. Dios dijo que le dijera a Jerusalén, que su guerra había terminado. Cuando Dios nos habla de consuelo en nuestro contexto de sufrimiento, significa que nuestro sufrimiento ya ha terminado.

Cuando nos llega una palabra de aliento, debemos aceptar que ya estamos liberados de la situación en la que nos encontramos; de lo contrario, Dios no nos hablaría de consuelo o aliento. El consuelo y el aliento son un presagio de buenas nuevas.

Isaías 40:9 dice:

> Súbete sobre un monte alto, anunciadora de Sion; levanta

fuertemente tu voz, anunciadora de Jerusalén; levántala, no temas; di a las ciudades de Judá: ¡Ved aquí al Dios vuestro!

(Reina Valera 1960)

Cuando llega la palabra de consuelo y cuando Jesús dijo: "Serán consolados", significa que siempre hay un flujo de buenas noticias y un flujo de posibilidades abiertas en el contexto de lo que estamos pasando. No es que no nos encontraremos en una sombra de oscuridad; sin embargo, si nos encontramos en una sombra de oscuridad, realmente no tenemos que estar en ella. Muchas sombras en las que caminamos están dentro de nosotros mismos.

Si estamos en el contexto del valle de sombra de muerte, debemos entender que debido a que Atta está con nosotros, hay misericordia, fuerza y aliento. El aliento significa que hay buenas noticias en el contexto del sufrimiento: Dios ya ha tomado la decisión de que nuestro futuro está presente en el contexto de esa sombra.

> Estoy aprendiendo que Dios no espera a que termine la situación para alentarte.

Dios no nos deja en la sombra. Él nos alienta para sacarnos del valle de sombra de muerte y llevarnos a la sombra de Su ala, el valle de sombra del Todopoderoso. Nos está diciendo que nos levantemos, nos movamos y que volvamos a casa.

Dios no espera a que la situación termine para alentarnos. Esto es evidente en la forma en que Dios trató a Job; Él visitó a Job mientras estaba sufriendo. Cuando Dios visitó a Job, este seguía sufriendo. En realidad, Dios ya estaba allí mirando a Job; Él ya estaba allí consolando a Job a través de Eliú (Job 32-38). Dios, Atta, estaba presente en el contexto del sufrimiento de Job.

"Atta" (תָה) es Aleph Tav Heh, en hebreo. Aleph es el principio de la creación que Dios puso para Sí mismo con el fin de tener un as para sacar al mundo de cada condición en la que entra.

Para Atta, significa que no solo está presente el Aleph del principio de la pre-creación, sino también el Aleph del mundo futuro.

Independientemente de lo que podamos estar atravesando, no hay valle de sombra donde Atta no esté presente. Siempre hay una posibilidad abierta en nuestras circunstancias porque nosotros somos la posibilidad abierta. Nunca podemos estar tan encerrados como para que no podamos salir. Somos hijos e hijas de Dios y Atta está con nosotros. Si no podemos atrapar el viento, o sostener el cielo y atarlo con la cuerda, o tomar a Dios y hacerlo nuestro prisionero, entonces es imposible que estemos cautivos de tal manera que no podamos salir. Nuestro sufrimiento puede durar un tiempo, pero nuestro Dios no nos fallará. No es el final de nuestra vida; nunca puede ser. Siempre hay una salida y siempre hay consuelo y aliento para nosotros. El consuelo y aliento de Dios significa que nuestro futuro ya ha llegado a nuestro presente. Amén.

CAPÍTULO 5

LA MESA
DE DIOS

La provisión sobrenatural y el abrumador flujo de providencia de Dios hacia aquellos que son sus hijos no es un mensaje del evangelio de prosperidad; sin embargo, es un mensaje que incluye la idea de tener riqueza.

La lucha por apropiarse de la riqueza está relacionada con la medida y el grado en que obramos desde un lugar de carencia en todo. Obrar desde la carencia es lo que desencadena la comparación con los demás. Actuar desde la carencia es lo que nos hace pensar que nos están quitando algo. Cuando obramos desde la perspectiva de que algo nos está siendo arrebatado, cesamos y somos incapaces de cosechar realmente la plenitud de lo que está en el presente. Debemos aprender a creer que ser bendecido significa vivir en la plenitud de lo que Dios es. No es que Dios sea bendito porque le damos bendición; Dios es bendito porque es Su personalidad intrínseca.

Cuando bendecimos a Dios y hablamos bien de Él, activamos esa plenitud de Dios y se libera para que fluya a través de nosotros. No le añadimos nada a Dios; no le quitamos nada a Dios. Debemos sentirnos tan llenos y comprender la plenitud de nosotros mismos, que no sintamos que nos están quitando algo cuando alguien viene a nuestra presencia. Este es un principio cristiano muy importante, pero es difícil de aprender; se nos enseña, toda la vida, que las personas que entran en nuestras vidas están tratando de quitarnos algo. Sin embargo, no importa cómo se exprese, ya sea en términos religiosos o espirituales, no es cristiano responder de esta manera porque no se nos está quitando nada. Es imperativo que cambiemos esta forma de pensar porque nos lleva a problemas en la sociedad y en nuestra vida personal. Cuando operamos desde esta perspectiva defectuosa, significa que no creemos en la plenitud de Dios que fluye constantemente, a la que estamos conectados. Hemos sido entrenados, como sociedad, para creer que el universo se basa en la carencia fundamental, no en la plenitud fundamental. Entonces, nos golpeamos, lastimamos y peleamos entre nosotros porque pensamos que nos están quitando algo. Verdaderamente, Dios, que creó el universo, no sufre de carencia; consecuentemente, el universo se basa en la plenitud fundamental, la purificación fundamental, y una capacidad fundamental de reproducirse, restaurarse, rectificarse, reunificarse y sanarse. Esta es una perspectiva completamente distinta de la que nos han enseñado a tener. Nuestra perspectiva de carencia da a conocer cómo abordamos muchas áreas de nuestras vidas.

> Debemos comprender que el Dios que creó el universo no sufre de carencia.

Por ejemplo, si abordamos las relaciones desde la perspectiva de la carencia, nunca puede haber una confianza real porque siempre estamos esperando que la otra persona solo quiera quitarnos algo. Y terminaremos tratando de beneficiarnos o "estar por encima" en la relación aprovechando la plenitud de la otra persona a pesar de su debilidad. Obrar en la carencia conduce también a la corrupción de nuestros propios motivos e intenciones.

Cuando David declaró: "Aderezas mesa delante de mí", estaba revelando lo que Dios está proveyendo para nosotros, el protocolo de la mesa de Dios, y cómo debemos prepararnos para venir a la mesa. En 1563, Joseph Karo, uno de los grandes rabinos, escribió Shulcan Aruj, que significa "la preparación de la mesa". En su obra de cinco volúmenes sobre la ley, Karo escribió acerca de cómo uno se prepara para guardar la ley, y cómo prepararse para predicar. El practicar la preparación es una cosas que hace a los judíos diferentes. Los judíos pasan mucho tiempo preparándose para la adoración o el culto. Parece sólo una práctica ostentosa, que algunos sin duda llamarán religiosa; no obstante, lo que parece descartarse o considerarse como religioso, los judíos lo llaman preparación. Debemos tener cuidado con el mal uso que hacemos de la palabra religioso.

Cada vez que alguien se prepara para hacer algo para Dios, o practica una actividad espiritual, o se prepara para presentarse ante Dios, muchos cristianos lo llaman "religioso". Muchos cristianos, si se les invita a orar cinco veces al día, no lo harán porque lo ven como una actividad superficial, sin sentido, "religiosa". Irónicamente, si invitaban a un rey a una mesa, preparaban la mesa con precisión, pero no llamarían a la preparación "religiosa". Esta es nuestra forma de pensar y lo que nos hemos hecho a nosotros mismos: al llamar o descartar todo como "religioso", realmente nos estamos liberando de comprometernos a Dios en Su plenitud. Y estas son las mismas cosas que realmente activan la plenitud de Dios en nuestras vidas.

> Cuando obramos desde la carencia y la perspectiva de que un enemigo siempre debe ser un enemigo, queremos comer solos y asegurarnos de que nuestros enemigos no tengan nada que comer.

Quizá todo nuestro lenguaje sobre las cosas religiosas sea del diablo y no de Dios, porque impide a los creyentes hacer lo que se supone que deben hacer para acceder a la plenitud de lo que son. Nos convertimos en nuestros peores enemigos al condenar las mismas cosas que potencian nuestro propio crecimiento espiritual, a lo que llamamos espiritualidad.

La palabra ta'aroj shulcan significa "Tú preparas una mesa". Esta mesa está preparada frente a nosotros en nuestra presencia; sin embargo, no hay ningún lugar en las Escrituras que diga que la mesa está preparada para nosotros. Muchos interpretan el Salmo 23:5 como que Dios ha preparado una mesa para nosotros frente a nuestros enemigos para que puedan vernos comer. Más bien, la mesa se prepara ante nosotros en presencia de nuestros enemigos para que participen con nosotros y sean transformados. Esto podría significar que la mesa de Dios es una transmutación o principio divino por el cual todos están invitados a participar y ser transformados. Jesús les enseñó a sus discípulos a cambiar la perspectiva de sus enemigos. Les dijo que amaran a sus enemigos y oraran por ellos cuando los maldijeran (Mateo 5:44). En Romanos 12:20, Pablo, citando Proverbios, escribió que alimentemos a nuestro enemigo si tiene hambre. Cuando tenemos una sensación fundamental de carencia, nuestra perspectiva se sesga: nuestro enemigo siempre debe ser nuestro enemigo. Cuando obramos desde la carencia con esa perspectiva, queremos comer solos y asegurarnos de que nuestros enemigos no tengan nada que comer. Queremos asegurarnos de que aquellos que son más malvados que nosotros no puedan participar en la mesa de Dios. Esta perspectiva no nos hace justos. Ta'aroj shulcan, es una idea importante: prepararnos y la práctica de la preparación es transmutacional porque habla de la intención deliberada de Dios. Cuando Dios prepara esta mesa, lo hace intencionalmente. No arroja comida a la mesa al azar delante de nadie. Este mismo Dios que prepara la mesa delante de nosotros es el mismo Dios que provee para el mundo, incluso para nuestros enemigos.

Si Dios prepara Su mesa a partir de la plenitud de Su ser, debe estar preparándola para que todos los que nos rodean puedan beneficiarse de ella.

Quizá tenemos una perspectiva en la vida que está tan teñida por la sociedad y nuestra ideología, que por lo general no tenemos la capacidad de salir y mirar este tipo de cosas objetivamente. Creemos que nuestros enemigos siempre deben sufrir. La verdad es que nuestros enemigos están invitados a sentarse a la mesa y ser transformados. Esta es la gracia de Dios porque cuando aún éramos enemigos de Dios, fuimos reconciliados con Él a través de la muerte de Cristo (Romanos 5:10). Si la interpretación del Salmo 23:5 es que Dios prepara la comida para que podamos comer y nuestros enemigos puedan sufrir, esto es diferente lo que Dios hizo por nosotros cuando nos invitó a participar en su mesa cuando todavía éramos sus enemigos.

> Dios no me bendice para que mis enemigos se mueran de envidia.

Dios preparó una mesa delante de Israel para que nosotros, incluso como enemigos, pudiéramos participar y llegar a ser íntegros. Pero aquí nuestra ideología se tuerce. Mientras predicamos la plenitud del Espíritu Santo y la plenitud de santificación, no tenemos en nuestra ideología la idea de que la plenitud debe desbordarse hacia nuestros enemigos.

Esto significa que cuando estamos comiendo en la presencia de Dios, nuestros enemigos están en la presencia de Dios con nosotros. Los llevamos con nosotros. Comer con Dios debe incluir a nuestros enemigos, porque es a través de nuestra comunión con Dios que nuestros enemigos se transmutan. Si los dejamos fuera, no hay ningún lugar donde puedan experimentar la transformación. No podemos cambiar el mundo si rechazamos a nuestros enemigos y comemos solos. Este es uno de los desafíos y dificultades en el cristianismo, el crecimiento de la iglesia y la comunión: nuestros enemigos deben participar a pesar

> Todo lo que Él está haciendo por ti, lo está haciendo por la salvación del mundo para cambiarnos a todos.

de ser así. Debemos incluirlos. Tal vez queramos tener un tipo de cristianismo en el que nuestros enemigos estén lejos; sin embargo, nuestro deber es crear un mundo en el que no haya enemigos. Y hacemos eso al llevar a nuestros enemigos para participar en la comunión, no manteniéndolos lejos.

El amor es una llave transmutacional. Jesús dijo que el amor puede cambiar a cualquiera. De hecho, la preparación de la mesa en presencia de nuestros enemigos es una clave transmutacional que ejemplifica la naturaleza intrínseca de Dios y cómo podemos ser como Él.

Debemos invitar a nuestros enemigos a participar en la mesa, incluso a nuestros enemigos internos. Aunque nuestra ideología nos mantiene alejados de nuestros enemigos, seguimos comiendo en presencia de nuestros enemigos internos. Nuestros enemigos internos están con nosotros mientras comemos. No esperamos a que se retiren antes de que comamos. Dios nos enseña mucho acerca de cómo trata con nosotros cuando David dijo: "Aderezas mesa delante de mí". La frase traducida como "delante de mí" en hebreo es "lefenay" (לְפָנַי); esta palabra significa literalmente "enfrente de mí" o "en mi cara". Si bien generalmente se traduce como "delante de mí", debería traducirse "frente a mi cara". En consecuencia, la participación real en la mesa es un encuentro cara a cara con el enemigo. ¿Es posible transformar a un enemigo si no estamos dispuestos a hablar con él cara a cara? Hasta que no los encontremos cara a cara, no podremos cambiarlos.

Debemos recordar que la mesa de Dios no es una mesa personal o privada; es una mesa pública porque nuestros enemigos también están alrededor de ella. La mesa de Dios es transformadora y transmutacional. Dios la prepara. Es Su mesa, no la nuestra. A través de la naturaleza transmutacional de su amor, Él nos da permiso de participar.

Dios prepara su mesa justo delante de nosotros, en nuestras

caras, para que podamos participar en Su banquete. Cuando nuestros enemigos sean testigos de esto, ellos mismos también serán transformados.

Dios no nos bendice para que nuestros enemigos se mueran de envidia. Él nos bendice para que nuestros enemigos puedan ver lo bueno que Él es y vuelvan arrepentidos a Él. Dios obra desde la posición de plenitud, no de carencia. Todo lo que Él hace por nosotros, lo hace por la salvación del mundo para cambiarnos a todos.

CAPÍTULO 6

CABEZA, MANOS Y PIES

Al final de este capítulo, veremos que el Salmo 23 trata realmente de una vida desbordante, superabundante.

Consideraremos los dos juntos. Nosotros, creyentes llenos del Espíritu con todas nuestras perspectivas proféticas, evangelísticas y carismáticas, tenemos muchas cosas que decir acerca de la unción. Aquí, la palabra usada para "ungir" es la palabra hebrea deshanta; significa engordar, expandir, hacer que se purifique por completo. Tiene la misma raíz que el Mashiach, que es el ungido o mesías. Sin embargo, la estructura de la deshanta es diferente a la del Mashiach. Parece que David usó esta palabra muy deliberadamente.

Cuando alguien es llamado el ungido, significa que se le ha dado una carga o se le ha puesto algo que le permite soportar lo que sea que se le presente. En otras palabras, al ungido se le da una semilla que produce un propósito; sin embargo, cuando David dijo: "Unges mi cabeza con aceite", es la cabeza la que está siendo ungida porque Él literalmente frota aceite sobre la cabeza. En el Likutei Amarim, un libro del misticismo judío, se dice que hay un alma en el cerebro humano y que esta alma contiene el Jabad, que es sabiduría, entendimiento y conocimiento. Cuando David dio a conocer la revelación acerca de caminar en abundancia, dijo que la cabeza o rosh (שׁאֹר) es importante para la apertura a la abundancia. La forma en la que funciona nuestra cabeza determina si prosperamos o no. Si le das riquezas a un necio, él o ella las malgastará (Proverbios 21:20). Salomón se quejó de esto; él estaba haciendo todo el trabajo para hacer prosperar su reino y no estaba seguro de si aquel a quien se lo dejaría iba a ser una persona necia o sabia.

Deshanta significa expandir y crecer; es por eso que David se

La idea de la unción es algo poderoso, la unción prepara a la persona o al objeto para la recepción de la gloria y la intención de Dios en cuya presencia está una persona o en cuya presencia se usa un objeto.

enfocó en ungir la cabeza. Además, es la unción de los reyes la que siempre se hace en la cabeza. También con los reyes y sacerdotes, Dios instruye a los judíos para que unjan las cosas ordinarias y las unten con aceite como varas, el tabernáculo, los altares, las vestiduras de Aarón, incluso los utensilios del tabernáculo. A veces, la palabra también se puede usar para la remoción de cenizas que se han quemado en un altar.

En lo que David se ha enfocado con respecto a la unción es poderoso. La unción prepara a una persona u objeto para recibir la gloria y la intención de Dios. Es en la presencia de Dios en la que se encuentra una persona y en cuya presencia un objeto es usado. Sin la unción, no se puede recibir la gloria y el propósito de Aquel en cuya presencia se supone que se manifiesta. Por lo tanto, la unción se da, en primer lugar, para hacer de la persona un lugar, o para hacer que la persona sea utilizable o esté lista para recibir la gloria, porque la unción sin la gloria no es más que aceite.

La unción es siempre para el propósito de Dios. David dijo que la unción, como se menciona en este texto de las Escrituras, es solo en la cabeza porque el proceso intelectual es importante para Dios para hacer que una persona sea próspera. Es más que solo orar y pedir un milagro. La forma en que usamos nuestras cabezas determina si prosperamos o no.

La iglesia Pentecostal, en general, no ha enseñado a la gente cómo usar sus cabezas para enriquecerse. Les hemos enseñado a usar sus rodillas para hacer riqueza, como en la oración. Pero usar la cabeza es importante. La cabeza contiene tres cosas: el cerebro izquierdo, el cerebro derecho y el alma, que es sabiduría, entendimiento y conocimiento. Si la cabeza es lo que recibe la unción, entonces el cerebro sirve como un embudo para la entrada de las cosas del reino sobrenatural a este reino.

Nos engañamos a nosotros mismos si pensamos que en realidad vamos a transformar a las personas si no esperamos que las personas piensen en la iglesia y hablamos con ellos al nivel común más bajo. Esto es infructuoso, inoportuno y una pérdida de tiempo. Incluso

אתה

cuando la gente se queja de que algo se está comunicando por encima de su comprensión, debemos instarlos a que aprendan más. No debemos seguir hablándoles a los demás como si fueran tontos, necios o ignorantes, cuando lo que hay en ellos es más grande de lo que se les puede enseñar. Cuando David enfatizó la importancia de ungir la cabeza, llamó la atención sobre la necesidad de involucrar a nuestro intelecto en este proceso de obrar en abundancia.

En realidad, ni siquiera podemos ser santos sin usar nuestro intelecto porque la santidad es tomar decisiones para hacer cosas buenas basadas en la dirección de Dios. La práctica judía es la mitzvá, que es una obediencia intencional a la ley y elección de realizar actos de bondad.

La santidad debe ser tanto experiencial como cerebral: nuestros cerebros deben estar involucrados. Cuando venimos a la iglesia, también debemos involucrar nuestros cerebros, nuestro pensamiento. Esto no hace que nuestra comunión espiritual se trate de discusiones y debates, porque ese tipo de dinámica es contraproducente.

> La revelación es una combinación de sabiduría, entendimiento y conocimiento.

Debemos permitir que nuestros cerebros también funcionen. En la intención de nuestros corazones, el alma y el cerebro trabajan juntos, y se hace funcional a través de nuestras manos. En otras palabras, la intención de nuestros corazones nunca se hace realidad hasta que involucramos a nuestras almas. Dios unge nuestras cabezas porque es el punto magnético en el que el reino sobrenatural entra en nuestro ser.

En la iglesia, hablamos mucho del corazón, mientras que no hablamos mucho de la cabeza; en consecuencia, nos hemos vuelto muy sentimentales en la iglesia. Algunos cristianos pueden sentirse ofendidos cuando intentas conectar intelectualmente. Entonces, puede ser difícil desafiarlos. Cuando este tipo de cristianos entran en un mundo donde hay estructuras, patrones y paradigmas para el desempeño, no quieren involucrarse. A menudo quieren un atajo; no quieren involucrarse en áreas en las que no habían pensado antes. Les resulta difícil tener que pensar en ello y resolverlo.

Además, nuestra falta de inclusión de ideas sobre la cabeza en la iglesia quizá haya creado nuestra dependencia en los milagros. Ahora bien, esto no significa que un proceso racionalista resuelva todo. La razón por la cual se da la unción es combinar nuestro proceso intelectual con la sabiduría, el entendimiento y el conocimiento que Dios nos ha dado.

El proceso de recopilación de información y luego analizar datos debe combinarse con la revelación divina. La ecuación es: recopilación de información más revelación divina; no podemos eliminar ni una pieza de esta ecuación. Algunas personas solo tienen datos o rumores, nada más. Solo tener datos o rumores sin revelación es ineficaz. Algunas personas creen que tienen revelación, pero no se combina con el conocimiento. Si Dios le da a alguien revelación, Él le dará la información que lo respalde.

> La unción es una forma de expandirte para que seas capaz de manejar lo que se te ha dado que hagas.

La revelación es una combinación de sabiduría, entendimiento y conocimiento. El conocimiento es el resultado de la combinación de hechos, información y datos. Por ejemplo, un bebé nace por conocimiento. La Biblia dice que Adán conocía a su esposa (Génesis 4:1).

El proceso procreativo involucró a dos personas: el padre y la madre. También incluye sabiduría y entendimiento para producir este conocimiento. Un bebé es la manifestación del conocimiento del padre y de la madre. Algunos de los grandes rabinos afirman que es el cerebro del padre el que concibe al bebé antes de que el semen entre en el vientre de la madre, entonces él planta la semilla. Un bebé no es solo el resultado de un acto físico; el bebé es la manifestación de un proceso cognitivo que se activa en el cerebro del hombre. Luego se libera y entra en la mujer para gestarse durante nueve meses. Al cabo de nueve meses, nace como conocimiento: un bebé. Por lo tanto, los niños son la consumación del conocimiento, sabiduría y entendimiento que comenzaron desde otro reino y vinieron como unción sobre la cabeza. Qué poderoso es mirar a nuestros hijos desde esta perspectiva.

Deshanta es la palabra hebrea traducida como "ungir". Deshanta también puede significar quitar las cenizas quemadas del altar. Cuando Dios unge nuestras cabezas, cuando la unción viene sobre nosotros, también es con el propósito de despejar nuestras mentes.

אתה

Cuando la unción cae sobre alguien, despeja la mente. No hay unción donde la mente esté desordenada. Una parte del proceso de unción es que nuestras mentes y cerebros se ordenen y que las cenizas de generaciones de malos pensamientos sean limpiadas. Consideremos a David, él era de una línea de incesto. Según las Escrituras, David era un gran hombre, pero la relación de su padre con su madre era problemática; sin embargo, la unción removió eso y abrió nuevas perspectivas de comprensión sobre quién era David, su relación con el mundo y lo que se suponía que debía lograr. Consideremos a Jesucristo, él es un hombre nacido de una mujer que dijo haber visto un ángel. A lo largo de la vida de Jesús, los judíos exigieron: "Muéstranos a tu padre. ¿No es éste el hijo de María o José el carpintero?" Los judíos a menudo tenían palabras para él. A pesar de que Jesús era Dios como hombre, pudo haber sido difícil caminar por la ciudad y escuchar a la gente preguntarse acerca de él de la manera en que lo hicieron, especialmente porque Jesús sabía lo que estaban pensando en sus corazones. Imagínese a Jesús caminando por su ciudad toda su vida escuchando a la gente decir: "¡Sí, claro! Su madre vio un ángel. Debió ser uno de los soldados romanos el que era el ángel". Sin embargo, debido a la unción, la charla nunca tomó preponderancia en su vida. Jesús nunca habló de ello. Enfocó su mente de modo que quedara clara en el desorden de las conversaciones humanas

> Así que la unción es la expansión de tu conciencia y tu capacidad de recibir de la plenitud de quién es Dios en tu vida.

sobre su identidad. Algunas personas, con ese tipo de trasfondo, siempre mezclan su desorden con el mensaje. Siempre se trata de ellos debido al fracaso de su padre, pero esto no es así con Cristo Jesús.

Jesús no fue ungido al nacer. Fue ungido en su bautismo. Ser hijo de Dios no es lo mismo que ser ungido. La unción solo es necesaria para cierto trabajo o para un proceso de pensamiento que producirá el resultado deseado por Dios.

La unción en la cabeza significa que Su conciencia se está expandiendo para poder manejar la grandeza del deseo y el pensamiento de Dios para su vida. Además, la unción es la expansión de nuestra conciencia y nuestra capacidad de recibir de la plenitud de quién es Dios en nuestras vidas. Por lo tanto, si Dios dice que quiere usarnos para cambiar el mundo, no podríamos manejarlo

אתה

ordinariamente, a menos que Dios traiga algo que expanda nuestra capacidad para hacerlo.

Dios nos unge para expandirnos y poder manejar la asignación que nos ha dado. Después de haber completado nuestras respectivas asignaciones o tareas para las cuales Dios nos ha ungido, ya no podemos realizarla porque la unción fue dada para la asignación momentánea. Ya no podemos realizarla porque la unción fue liberada para crear una expansión y capacidad para manejar la responsabilidad mayor y momentánea de Dios. Con ese fin, nunca debemos jactarnos de ser ungidos porque la unción no nos pertenece; se libera para la obra dada por Dios. Por ejemplo, si alguien recibe una unción para hablar, todos pueden pensar lo poderoso que es, hasta que se le sube a la cabeza. Puede pensar que todo es su habilidad; sin embargo, cuando la unción se va, la gente ve sus fragilidades humanas. La unción tiene un efecto embellecedor que permite a las personas escuchar las cosas que él está diciendo, de lo contrario, es posible que no lo escuchen si la unción no está allí. En las Escrituras, Aarón era un idólatra, que en cierto momento llamó a Satanás del infierno; sin embargo, Aarón fue cambiado por la unción. Cuando la unción vino sobre él, se convirtió en el sumo sacerdote y pudo abrir el Cielo. La unción es eficaz; incluso las varas convertidas en utensilios se convertían en portadoras de la presencia divina, después de ser untadas con aceite.

> Los ángeles te ayudarán cuando extiendas la mano, pero estás sentado esperando a que las cosas se manifiesten.

La unción genuina de Dios no se queda en la cabeza; fluye hacia la mano. David dijo: "Mi copa está rebosando"; es decir, la prosperidad viene por la cabeza y la mano.

Un copero, al servir la mesa, no coloca la copa sobre la mesa para que se derrame automáticamente. Inclina la copa para que salga lo que contiene. La palabra hebrea para "copa" es "kavas" (כוס); comienza con la letra Kaph. Kaph puede significar algo que es tan abrumadoramente penoso que la carga es demasiado para soportar; sin embargo, Kaph también puede significar algo que se inclina para verter lo que contiene. Kaph, como la mano, puede sostener, pero también verter.

David mostró el significado de la copa rebosante: conecta la mano y la cabeza (le estoy escribiendo a esta generación, a aquellos que dicen que están ungidos pero no quieren hacer el trabajo y usar sus manos. En cambio, se sientan pasivamente, ayunan durante 25 días y esperan a que Dios haga un milagro). La unción debe fluir a través de la copa de la mano porque la riqueza viene de la cabeza a la mano. Si Dios quiere prosperarnos, nos dará una idea de qué hacer. Él pondrá algo en nuestras cabezas que podemos trabajar a través de nuestras manos. Después de que la unción llegó a su mano, David dijo: "Bendito sea el Señor que enseña a mi mano a trabajar".

> Dios te da el poder de hacer riqueza.

No es bíblico que no tengamos que usar nuestras manos porque Dios simplemente dejará caer cosas del cielo. Aunque hay veces que Dios hace milagros, no nos quedamos esperando que los ángeles limpien nuestras casas.

Dios nos prometió riquezas; sin embargo, prometió poner ideas en nuestras cabezas y fortalecer nuestras manos para llevarlas a cabo. Puso el registro en la palma de nuestras manos. Moisés oró en el Salmo 90:17: "Sea la luz de Jehová nuestro Dios sobre nosotros, Y la obra de nuestras manos confirma sobre nosotros; Sí la obra de nuestras manos confirma". Cuando recibimos ideas en nuestras cabezas, debemos trabajar para llevarlas a cabo. Los ángeles nos ayudarán cuando extendamos nuestras manos. Los ángeles no pueden ver el registro de nada nuestro si no extendemos nuestras manos. No podemos permanecer pasivos esperando a que se manifiesten las ideas que tenemos en la cabeza.

Muchas veces, mucha gente me ha dicho que quiere enseñar y viajar por el mundo como yo. Yo les digo directamente que son demasiado perezosos y que sólo quieren divertirse, porque lo que yo hago requiere mucho trabajo. Les dejo ver cómo uso mi tiempo. Les digo que no es raro que vuelva de vacaciones a las 3 de la madrugada y me vaya a mi oficina a preparar lo que voy a enseñar a la mañana siguiente. No podemos confiar en nuestra brillantez personal o en nuestra capacidad para relatar información; debemos ser capaces de recibir del cielo, teniendo nuestra sabiduría en nuestro cerebro, y la comprensión y el conocimiento trabajando juntos como un embudo triangular descendente para traer el reino sobrenatural a este reino. De esta manera, llega influyendo en cómo hacemos las cosas con nuestras manos, diez dedos, diez principios de la creación, diez mandamientos. La vida no es una lotería.

Nuestro Padre siempre está hablando. No hay un momento especial en el que Dios esté trabajando. Cada vez que oramos, Dios está hablando y trabajando. Dios unge nuestras cabezas para expandir nuestra conciencia y recibir lo que Él está hablando y haciendo. Debido a que Dios nos está dando ideas, debemos usar nuestras cabezas y pensar. Debemos desarrollar una práctica consistente de estar quietos para escuchar y recibir ideas del cielo. Las ideas que Dios nos da pueden requerir que aprendamos, estudiemos o entendamos algo nuevo y diferente. Dios puede dar una idea que requiera que alguien vaya a la escuela, que aprenda a ser electricista, que aprenda a conectar cable por cable. Dios puede dar una idea que requiera que alguien aprenda plomería para poder fabricar lo que Dios ha revelado. Debemos hacer lo que sea necesario para elaborar con nuestras manos las ideas que Dios nos da, independientemente de la edad o el estatus en la vida. Algunos tienen la tendencia de hacer de las ideas de Dios algo religioso. Por ejemplo, Dios le habla a alguien sobre cómo cambiar el mundo tecnológicamente; sin embargo, dice que Dios lo está enviando en misión a África, en lugar de trabajar y hacer realidad el avance tecnológico. Cuando alguien responde de esta manera, Dios le dará la idea a otra persona que la llevará a cabo con sus manos. Nuestras cabezas y manos trabajando juntas son clave para obrar en abundancia.

> No hay ninguno de nosotros a quien Dios no le haya dado una idea.

Cualquier hombre que piensa que no quiere usar sus manos es un hombre que será rico en su cabeza y pobre en la vida. Cualquier hombre que trabaja con sus manos y realmente no piense es un hombre que será esclavo de todos los demás que producen. Tendemos a depender de todos los demás, a pesar de que Dios nos ha dado mentes brillantes.

Algunos tienen el don de pensar, pero sus manos son perezosas. Algunos tienen la capacidad de orar, pero sus manos son perezosas de tal manera que cuando Dios envía una idea, no la captan porque no están pensando. Cuando lo captan, la convierten en una religión. Nuestras manos no quieren trabajar, así que se queda en nuestra cabeza hasta que alguien más la capta.

Según las Escrituras, el dinero no es nuestro Dios, pero Dios nos da el poder de obtener riquezas, no de lo milagroso o mágico. Hemos tenido ideas que ahora son evidentes en nuestras vidas. Dios nos da estas ideas como una forma de prosperarnos financiera y económicamente. La espiritualidad y la economía están interrelacionadas; por lo tanto, si bien podemos discutir la economía desde una perspectiva religiosa y cómo entramos y salimos del poder, la realidad es que la gente con dinero tomará las decisiones sobre cómo funcionan las cosas. Dios está buscando que sus hijos sean más inteligentes económicamente porque las cosas están cambiando de esa manera. La guerra que libramos es una guerra espiritual ligada directamente a la economía. Si vamos a obrar en abundancia, debemos comenzar a usar estos principios y enseñar a la próxima generación a hacer lo mismo. Debemos pensar y trabajar con nuestras manos. En las Escrituras, Dios nos recuerda a menudo la mano del Señor, especialmente en Éxodo. Este motivo se encuentra a lo largo de las Escrituras: diez dedos, diez principios de la creación; diez dedos, diez Bienaventuranzas; diez dedos, diez Mandamientos; diez dedos, diez pruebas de Abraham; diez dedos, diez plagas de Egipto, que reconocía que era la mano del Señor la que había venido contra ellos.

Los milagros no suceden porque los milagros son una obra. Esto es lo que significa obrar un milagro; es decir, trabajar. Si alguien hace que ocurran milagros, significa que ha trabajado en ello toda la noche. El tabernáculo de Moisés fue primero una idea o plano que se dio en la cabeza a alguien; usó sus manos para fabricar todas las herramientas necesarias para construirlo, incluso antes de que Moisés ordenara que se construyera. El tabernáculo no descendió del cielo y apareció para su uso inmediato; había que construirlo. En nuestro movimiento místico, una vez estuvimos esperando que las cosas se manifestaran, pero esperábamos pasivamente. Hay momentos en que las cosas se manifiestan, pero el principio bíblico es que este tipo de manifestación es una señal de lo que se supone que debemos hacer. La señal no es la realidad final; es un indicador de lo que somos capaces de hacer, y se supone que debemos hacer. Es por eso que se llaman señales y prodigios. Si Dios hace descender un carro del cielo, no significa que vaya a seguir haciendo descender carros del cielo. Trajo el auto como un prototipo para que podamos aprender a construirlo y manifestar más de él por nuestra cuenta sin Dios. Los incrédulos, en gran medida, entienden estos principios; por lo tanto, pueden hacer ciertas cosas que nosotros no podemos hacer.

Si bien el incrédulo necesita a Dios para la salvación, no necesita a Dios para poder crear tecnología. Dios ya ha creado la tecnología. Si Dios usa a alguien para producir algo hoy y se produce en justicia, los incrédulos aún pueden tomarlo y duplicarlo. Por ejemplo, China, sin creer en nuestro Dios, duplica muchas invenciones americanas. Dios nos ha dado a todos una idea; no ha eximido a nadie. Puede que lo hayamos perdido porque esperábamos que surgiera algo mágico. Tenemos que llevar a buen término las ideas que Dios nos ha dado. Podemos empezar con un cuaderno, empezar a dibujar, empezar a escribir, empezar a plasmar las ideas. Si no llevamos esas ideas a buen término, alguien más lo hará.

CAPÍTULO 7

SALMO 23

> Consecuentemente, nos pasamos la vida tratando de proteger lo que creemos que se va a acabar. Y en la medida y grado en que tenemos este pensamiento, tenemos el mismo pensamiento sobre Dios.

En última instancia, esto significa que realmente no creemos en Dios, sino que creemos en nosotros mismos porque realmente no conocemos a Dios de la manera en que creemos que lo hacemos. Si realmente conociéramos a Dios, sabríamos que Él nunca "se agota". Es realmente muy simple. La sociedad, sin embargo, nos dice que todo en el mundo se acaba. A través de diversos medios de comunicación, recibimos el mensaje de que si no matamos a la persona que tenemos al lado para conseguir lo que queremos, se va a acabar. De hecho, nos hemos creído esa idea.

Por ejemplo, se nos dice que la tierra no tiene más tierra y lo creemos, a pesar de que todos los seres humanos del planeta quepan hoy en el estado de Texas si se ponen uno al lado del otro. Hemos sido condicionados psicológicamente a creer y actuar como se nos dice; por lo tanto, nos amontonamos en las ciudades y se nos obliga a pisarnos unos a otros para tomar lo que queremos.

Esto nos ayuda a entender por qué la Biblia parece muy "anti-ciudad". De hecho, la Biblia considera que una ciudad es la presencia de todo tipo de maldad, donde los seres humanos se reúnen para ser controlados y no se les permite extenderse sobre la faz de la tierra.

> Así que nos daremos cuenta de que todas las cosas que Dios hace es para mostrarnos que en realidad somos candidatos y encarnaciones del proceso de abundancia.

La primera ciudad en la tierra

fue construida por Caín para su hijo, basada en la sangre de Abel, a quien Caín asesinó. Pero Dios había ordenado a su pueblo —Adán, Noé y sus hijos— que se dirigieran hacia el este para extenderse por toda la tierra y someterla; no obstante, se juntaron para construir una torre de confusión.

En las Escrituras, Jerusalén fue arrebatada. Dios se llevó a Jerusalén que estaba en la tierra porque se había convertido en un lugar de sangre. Jeremías, Ezequiel e Isaías dijeron que Él quitó la Jerusalén de Israel y se convirtió en la ciudad de los jebuseos, y una ciudad de sangre. Que es una ciudad aún más sangrienta.

> El sentido común no es tan común

Estamos examinando nuestro condicionamiento basado en la carencia que se exacerba al decirnos que debemos vivir en ciudades donde estamos acurrucados para pisarnos y matarnos unos a otros. La ciudad de Jerusalén no fue destruida porque los extranjeros fueran fuertes. Jerusalén se llenó de sangre de un extremo al otro. Reunimos al pueblo, hicimos ídolos y los adoramos.

Una vez más, Dios les ordenó que se extendieran por toda la tierra en el este, pero eligieron amontonarse en ciudades en donde surgieron y prosperaron muchos tipos de males.

Hoy en día, parece que hay poca o ninguna crítica a las ciudades. Incluso los profetas, hoy en día, hablan como si las ciudades hubieran sido creadas por Dios. De hecho, las ciudades son sistemas humanos creados para la confusión y el control. Parece que incluso las personas que viven en ciudades piensan que son más civilizadas. La ciudad es un lugar donde los bárbaros viven, se lastiman unos a otros y se pelean por migajas, mientras que fuera de la ciudad hay abundancia. Si viviéramos en el desierto y cada uno tuviera un pedazo de tierra, podríamos cultivar nuestros propios alimentos. Pensemos en la ciudad de Nueva York, millones de personas están compactadas en sus pequeñas subdivisiones unas encima de otras. Hay suficiente tierra en el estado de Nueva York en la que estas personas podrían vivir. Las ciudades no son sostenibles; en consecuencia, en los próximos años, la gente se irá a vivir fuera de las ciudades, pero entrará en ellas principalmente para interactuar. Esto no significa que las ciudades no tengan cosas buenas; Sin embargo, muchas cosas que se pueden hacer en la ciudad se pueden hacer en las zonas rurales. La gente puede dispersarse y seguir haciendo lo que hace en las ciudades.

Una diferencia importante entre las zonas rurales y las ciudades es que los habitantes de las zonas rurales no suelen asesinarse entre sí. Los índices de delincuencia suelen ser más bajos en las zonas rurales que en las ciudades.

Desde el punto de vista de una ciudad, alguien pensaría que no hay suficiente tierra, que la Tierra se está encogiendo. De hecho, cada ser humano en la tierra puede tener dos o tres acres de tierra y la tierra seguirá teniendo suficiente terreno. Esto parece evidente cuando volamos en avión. Mirando por la ventanilla de un avión, podemos ver vastas áreas de tierra despoblada y abierta. No hay muchas zonas densamente pobladas. Esta idea de estar amontonados en una ciudad porque parece que hay más seguridad y recursos disponibles es realmente lo que los Luciferinos han hecho a la humanidad; esto no es una teoría de conspiración. Nos han convencido de que no podemos sobrevivir viviendo solos en algún lugar de las montañas; que Dios es incapaz de protegernos. Nos han convencido de que si nos alejamos y salimos de la ciudad, moriremos de hambre, a pesar de que todos los alimentos que se consumen en las ciudades proceden de fuera de ellas.

Cada vez que los seres humanos han hecho lo que estamos haciendo ahora, Dios ha venido y los ha dispersado. Esto es evidente en las Escrituras. No tenemos respuesta, pero es importante que no idolatremos la ciudad. Los niños, que nacieron en ciudades, piensan que la ciudad es el lugar donde Dios quiere que estemos; sin embargo, hay suficientes recursos en la creación y suficiente espacio en la tierra para todos nosotros (volé a través de Asia y vi vastas tierras cuando miraba por la ventana del avión). Consideremos a China, hay miles de millones de personas en China, la mayoría de las cuales están reunidas en las diferentes ciudades. Pensemos en los Estados Unidos, alguien puede volar a través de los Estados Unidos y ver la asombrosa disponibilidad de tierra, aunque ciertos grupos de personas quieran tomarla, hacerla suya y hacer que todos los demás les rueguen por ella.

> La plenitud de Dios nunca se agota.

Es un sistema que conduce a la esclavitud sistemática de la humanidad, pero lo hemos elogiado como algo grandioso. Nos corresponde mirar estas estructuras mundanas con cierto escepticismo.

אתה

No se trata de estar en contra de las ciudades o de sugerir que la gente debería abandonar las ciudades. Se trata de que las ciudades asumen demasiado control de todo el mundo; tenemos que empezar a pensar diferente. Hay suficientes recursos sobre la faz de la tierra. Si maduramos para llegar a ser lo que se supone que debemos ser en Dios, también podemos ayudar a crear más recursos. Por otro lado, si nos enfocamos en pelear por cosas pequeñas, obrando en la carencia, nos encontramos con que no vivimos en paz. Todas las guerras se libran por los recursos; una persona convence a otra de que no hay suficientes. Por lo tanto, están dispuestos a morir para conseguirlo.

Una vez, nos convencieron de que el oro se estaba acabando. De repente, nos dijeron que habían descubierto aún más oro que nunca. Tenemos que pensar desde esta perspectiva, hay más disponible que nunca, y aplicarla a nuestra vida personal. Debemos preguntarnos desde dónde obramos: la posición de carencia o la posición de abundancia. Nuestra respuesta determina nuestro bienestar psicológico. David dijo: "Yo obro desde la posición de abundancia, desde la posición de que Dios es pastor, lleno de bendición, y Él me la da". Todo lo que Dios hace es mostrarnos que en realidad somos candidatos y encarnamos el proceso de abundancia.

Salmo 23:6, "Ciertamente la bondad y la misericordia me seguirán todos los días de mi vida".

Ciertamente	אַ (ach)
Bondad	טוב (a·vv)
Y la misericordia	וָחֶסֶד (va·che·sed)
Me seguirán	יִרְדְּפוּנִי (yir·de·fu·ni)
Todos los días de mi vida	כֹּל יְמֵי חַיַּי (Kol Yemei Jayah)

אתה

Este texto está estructurado con la primera palabra que comprende las primeras letras de los nombres de los padres de Israel: Abraham, Isaac y Jacob. La palabra "ach" se convierte en Aleph Yod Yod, que es Abraham, Itzjak, Yaakov. Dios

> Dios mismo es bondad.

dijo: "Yo soy el Dios de Abraham", en Éxodo 3:6, y que este será Su nombre para siempre. Jesús repitió esta declaración en Mateo 22:32. En la tradición judía, Abraham es considerado el portador de la misericordia. Ahora, cuando David dijo: "Ciertamente el bien y la misericordia me seguirán todos los días de mi vida", sabemos que se está refiriendo a la bondad de Dios, dos aspectos clave de Su naturaleza.

Sin embargo, cuando los israelitas oran, dicen "las misericordias de Abraham", que se considera el río que siempre fluye desde el cielo y que fluye hacia sus corazones. Es una referencia a la naturaleza de Dios que fluye a través del patriarca Abraham y su descendencia, Isaac y Jacob. Israel es de hecho el destinatario de la misericordia; Dios le dijo a Abraham que tendría misericordia de ellos y haría que Su bondad pasara delante de ellos (Éxodo 33:19). Dios hace esto continuamente.

La forma en que esto funcionó para David fue un canal genético por el cual Dios lo seguía constantemente. Para nosotros, obra a través del Hijo de Dios, Jesucristo, que lleva la bondad y la misericordia de Dios.

La gematría de ach (א י ְ) es 21. Dos más uno es tres, que no es solo el número de Dios, sino también el número de los antepasados de Israel. Entonces, cuando un judío dice Abraham, Isaac y Jacob, en realidad se está refiriendo a Dios porque es el nombre que Dios tomó para sí mismo. Él es el Dios de Abraham, Isaac y Jacob.

Tovv es la palabra para bondad y su gematría es ocho. Tovv comienza con Tet. Tet tiene un valor numérico de nueve, que

> La bondad no puede germinar donde alguien no está dispuesto a morir.

también es el número de la muerte. En el Zohar, cuando las letras llegaron a Dios para explicar por qué debían ser la primera letra en el AlephBet, Tet se acercó a Dios y le dijo que debía ser el primero porque él era el comienzo de Tovv. Pero Dios también se hizo muerte.

Ahora, si pensamos en la bondad, notaremos que, de acuerdo con las Escrituras, la bondad fluye de la capacidad de morir. Jesús dijo en Juan 12:24:

> "De cierto, de cierto os digo, que si el grano de trigo
> no cae en tierra y muere, queda solo; pero si muere,
> da mucho fruto." (Reina Valera 1960)

La idea de la bondad, en relación con la muerte, no consiste en desaparecer por completo. Esta muerte es el constante morir a uno mismo que permite que la bondad germine. La bondad no puede germinar donde alguien no está dispuesto a morir. Todo acto de bondad suprime otra cosa que es mala. En otras palabras, cada vez que hacemos algo bueno, muere algo en nosotros que es contrario a esa naturaleza de Dios. Pablo reveló esto cuando escribió: "cada día muero" (1 Corintios 15:31).

> La abundancia del creyente no tiene fin.

Pablo murió haciendo constantemente algo bueno. En términos judíos, hacer mitzvahs constantemente demuestra la bondad de Dios. Por lo general, cuando queremos hacer algo realmente bueno, nos encontramos con dudas; pesamos los pros y los contras. Consideramos nuestras propias necesidades, nuestra propia posición y el costo para nosotros; Sin embargo, si hacemos el bien, habremos matado algo. Por lo menos, empezamos a matar la mentalidad de obrar desde la carencia. Y de esa muerte germina la bondad. No tenemos que encontrar otra manera de crucificarnos a nosotros mismos porque hacer el bien es crucifixión. Compartir la bondad con alguien que no la merece es una crucifixión, sin tener que pasar por el dolor de comprender lo que uno está haciendo en el proceso de crucifixión.

La siguiente palabra es misericordia o "jesed" (חֶסֶד). La primera letra es Chet (ח) que tiene un valor numérico de 8. El símbolo hebreo de Chet se representa como una puerta cerrada, que es infranqueable a menos que seamos iniciados.

El símbolo hebreo de Chet es muy similar al símbolo de Heh (ה); sin embargo, el símbolo de Heh se representa como una puerta con bisagras debido a la combinación de Dalet (ד) y Vav (ו). Chet es una puerta cerrada. En el reino de los misterios, para cruzar a través de la puerta de Chet, debemos morir, que es una iniciación en los misterios, no la muerte física. Así, Chet es la puerta que está delante de alguien que no está iniciado. La persona que quiere entrar por la puerta cerrada necesita misericordia. No podemos entrar a menos que se ore en misericordia.

Ocho es el valor numérico y la gematría de Chet y Tovv, respectivamente. Esto indica que la bondad de Dios se hace real en nuestras vidas y se entiende mejor cuando iniciamos en los misterios de Dios. Sin nuestra iniciación en los misterios de Dios, por lo general damos por sentada la bondad de Dios y no entenderemos que Su bondad trae los misterios del cielo a nuestras vidas. Romanos 2:4 dice:

> ¿O menosprecias las riquezas de su benignidad, paciencia y longanimidad, ignorando que su benignidad te guía al arrepentimiento? (Reina Valera 1960)

El arrepentimiento es uno de los principios para la iniciación en el misterio de la naturaleza de Dios, porque sin éste no podemos entrar. Así, David reveló que ser seguido por la bondad es la oportunidad constante para la iniciación en el misterio de la divinidad. El misterio de Dios tiene que ver con la plenitud de Dios y su provisión infinita; nunca se queda sin nada. El misterio simple es que si estamos en Dios, estamos completos porque la bondad no es solo algo que Dios tiene; Dios mismo es la bondad.

> Dios constantemente está quitando lo que es un obstáculo entre tú y Él por la sangre de su Hijo para asegurarse de que tengas acceso constante a la plenitud de tu Padre en el cielo.

La iniciación de un creyente en la bondad de Dios es una iniciación en la naturaleza misma de Dios mismo. Cuando estamos ante un acto bueno que se supone que debemos hacer, estamos ante una puerta del misterio de la iniciación. Cada vez que somos llamados a hacer algo grande y bueno, estamos ante una puerta cerrada. Sólo el acto de bondad puede abrirla. Estamos ante un proceso de iniciación en un aspecto de la divinidad. Todos los días y en todo momento, Dios nos da oportunidades para iniciar en una dimensión de Su ser al traer personas disfuncionales a nuestras vidas a quienes se supone que debemos ayudar o al hacer que nuestras familias sean lo suficientemente disfuncionales como para que podamos ayudarlas.

אתה

Él viene de diferentes maneras para que entendamos esto. Debido al interés de Dios en nuestras vidas y a la inmensidad de Su divinidad, Él siempre está haciendo espacio y poniendo una puerta frente a nosotros para iniciarnos en el misterio de un aspecto de Su ser.

> Dios te bendice porque es Dios y porque crees que te bendecirá.

La palabra que se traduce como "seguir" es "yirdefuni" (יִרְדְּפוּנִי) y su gematría es 360. Este número es una referencia a cerrar el círculo.

David estaba diciendo que la bondad y la misericordia me seguirán y me iniciarán en los misterios de la naturaleza de Dios y en el misterio de la plenitud de la creación. Por lo tanto, si obramos en la plenitud de quién es Dios y su abundancia, siempre somos llevados a un lugar de plenitud de la creación. Somos llevados al círculo completo, que comprende Su bondad y misericordia interminables.

Cada vez que nos movemos a una posición de carencia, podemos reiniciar el principio que causa la afluencia de la plenitud divina en nuestras vidas.

Al volver al proceso de la creación en Génesis 1 en el sexto día, y obrando en abundancia, siempre podemos cerrar el círculo. Debemos reconocer que la bondad y la misericordia nos persiguen. No las perseguimos. Están detrás de nosotros, no delante.

Nos persiguen porque la plenitud y la abundancia son principios desbordantes de Dios. Él está ansioso por abrir la puerta para que podamos inundarnos con todo lo que Dios tiene reservado para nosotros. La gematría 360 de "seguir" significa que este desbordamiento está a nuestro alrededor todos los días de nuestras vidas.

Vivimos en un mundo que nos inculca una mentalidad de carencia por la que tendemos a pensar que Dios creó la tierra para que se agotara. Nuestra realidad es que podemos volver constantemente a Aquel que es la plenitud de todo. Dios mismo envía Su bondad y misericordia para estar disponible en el momento de nuestra necesidad. Cada vez que nos quedamos sin nada, la bondad y la misericordia se encuentran para crear un arco que manifieste la visión de lo que viene del reino de la divinidad a nuestras vidas. En otras palabras, nunca nos quedamos sin nada, excepto en nuestras cabezas. Si somos hijos de Dios, nuestra primera tarea, cuando nos sentimos inclinados a operar en la carencia, es volvernos hacia Dios; Su plenitud nunca se agota.

Las últimas palabras de "todos los días de mi vida" es yemey khayay (לְחַיָּיְמִי). Yemey se deletrea Yod Mem Yod y tiene un valor numérico de 60, que es el número de la creación. Se trata de volver al punto de la creación del hombre y utilizar los principios de la creación para reformular, rectificar, reenergizar, reencantar y reorientar nuestras vidas. La gematría de «khayay» es igual a diez: Chet (8), Yod (10), Yod (10) es igual a 28. Dos más ocho es igual a diez. El Salmo 23 comienza con el número 3, que puede representar a Abraham, Isaac y Jacob. Termina con el número 10, el principio de la creación. David estaba diciendo que él obraba en la plenitud de la promesa que fue hecha a Abraham, Isaac y Jacob. Actuaba como una persona que estaba constantemente ante la puerta del misterio divino. La puerta está cerrada, pero siempre tenemos acceso gracias a lo que está detrás de nosotros: el bien y la misericordia.

Así, tenemos acceso a la puerta del misterio divino; sin embargo, no todos los que llegan a la puerta son iniciados porque para ellos la puerta está cerrada. Cualquiera que se acerque a esta puerta, pero no conozca al Dios de Abraham, Isaac y Jacob no puede acceder a nada. El bien y la misericordia que nos siguen es lo que determina nuestro futuro, porque todo lo que dejemos atrás, lo cosecharemos en el futuro. Nuestro futuro está siendo empujado hacia nosotros por lo que está detrás de nosotros. Porque Dios no quiere nada detrás de nosotros más que a Él mismo, Él hace que perdonarnos sea un deber constante. Dios no quiere que nada más nos siga aparte de Él. Cuando David pecó, Él no dijo: "¡Oh, Dios mío! ¡Todos mis pecados me siguen! ¿Qué voy a hacer? En cambio, dijo: "Ciertamente el bien y la misericordia me seguirán". Esto fue cada momento de su vida. Además, David dijo que lo seguirían todos los días de su vida. De hecho, lo siguieron hasta la tumba. Si el bien y la misericordia nos siguen todos los días de nuestras vidas y nuestras vidas no terminan realmente después de la muerte, entonces nos siguen hasta el otro mundo. Cuando los creyentes mueren en este mundo, no se van a la tierra; también van a otra vida.

Dios nos sigue hasta la tumba. Al otro lado del reino, el bien y la misericordia de Dios continúan siguiéndonos porque nos siguen eternamente. El bien y la misericordia de Dios, demostradas a través de Abraham, Isaac y Jacob, siguen vivos y persiguen constantemente a sus descendientes. Jesús insinuó esta verdad cuando expresó que

אתה

Dios no es un Dios de muertos, sino de vivos (Lucas 20:38). Esta persecución permite al creyente comenzar de nuevo; la abundancia del creyente no tiene fin.

Aunque la verdad es que nuestra abundancia no tiene fin, nos inclinamos a decir que la abundancia tiene fin; por lo tanto, seguimos obrando en la carencia. Pensamos que no tenemos suficiente, así que no damos. Nos preocupamos por lo que nos va a pasar, por lo que no nos movemos para satisfacer las necesidades de los demás. No pensamos desde la perspectiva del flujo de la abundancia. Creemos que nunca tenemos lo suficiente para poder hacer algo por nadie más hasta que podamos mantenernos a nosotros mismos.

Dalet representa una puerta abierta con bisagras, mientras que la letra Chet representa un Dalet cerrado. Este simbolismo se ve en la autoafirmación de Jesús cuando dijo: "Yo soy la puerta" (Juan 10:9). Muchos de los temas del Salmo 23 son evidentes en el Evangelio de Juan: Yo soy el buen Pastor; yo vine para que tengan vida y para que la tengan en abundancia; Yo soy la puerta, el que por mí entrare, será salvo; y entrará, y saldrá y hallará pastos. David nos estaba diciendo que el Salmo 23 debería ser el himno del creyente.

Cuando me convertí al cristianismo, todas las iglesias a las que asistía recitaban dos oraciones: "Padre nuestro que estás en los cielos" y "el Señor es mi pastor". Hasta que el Señor me dijo que enseñara el Salmo 23, no me di cuenta de que debía ser nuestro mantra. ¡Dios es la encarnación de la sobreabundancia, la abundancia desbordante, la hiperabundancia y la abundancia sobrenatural!

Él nos dice: "Yo llevo esto y te sigo con él. Cuando pones un bloque entre tú y yo, uso la sangre de mi hijo, llévala para que siempre pueda tener acceso para derramarla sobre ti. Quiero bendecirte. Quiero llenarte de mi bondad. No tengo ningún problema que me impida bendecirte. Ciertamente, el bien y la misericordia te seguirán todos los días de tu vida, tanto en tu existencia terrenal como en la eterna".

Nosotros, quienes conocemos a Dios obrando en nuestras vidas de la manera en que Adán obraba en el jardín, somos el foco. La intención de Dios para nosotros, como sus hijos, es llevarnos constantemente a la posición de la completa provisión que Adán tenía en el jardín, donde no había pecado ni carencia. Nacer de lo alto es la forma en que Dios restaura esto en nosotros. Si nuestro pecado sigue siendo un problema, entonces Jesús murió en vano. Todo lo que tenemos que hacer es ir a Él, a Su sangre. Por medio de la sangre de Su Hijo, Dios está constantemente quitando lo que es un obstáculo entre Él y nosotros para asegurarse de que tengamos acceso constante a la plenitud de nuestro Padre Celestial. No hay nada entre Dios y nosotros que nos detenga ahora. Obrar desde la provisión completa del corazón del Padre es una vida increíble. Dios continúa persiguiéndonos para manifestar la plenitud de lo que Él es. Amén.

Jesús nos dijo que Él es la puerta, y el buen pastor que apacienta a las ovejas y los corderos. Nos dijo que había venido para que tuviéramos vida y la tuviéramos en abundancia; Él es la puerta por la que podemos entrar y salir para encontrar pastos. Si nuestra razón por la que Dios no nos bendiga son nuestros defectos, entonces debemos explicar la razón por la que Él bendice al incrédulo. Debemos abandonar ese tipo de pensamiento. Caminar con rectitud y justicia sigue siendo importante, pero no es la razón por la que Dios nos bendice. Dios nos bendice porque Él es Dios y porque creemos que Él nos bendecirá.

La Biblia dice: "Sin fe, es imposible agradar a Dios", no "Con o sin pecado, es imposible agradar a Dios" (Hebreos 11:6). En esta escritura, Dios usa la fe a propósito porque es por la fe que somos perdonados, sanados y tenemos acceso a Dios. La fe es la persona de Cristo Jesús. Él es esa puerta de la que no podemos huir. Podemos obrar en abundancia si entendemos esto cada vez que hacemos algo bueno. Cada vez que creemos en Dios, estamos abriendo una puerta, una puerta de misterio. La puerta nos sigue a todas partes. No tenemos que buscar la puerta; pues nos sigue. Es la puerta del bien y la misericordia. Amén.

Apéndice A:
El Aleph Bet hebreo

Letras	Nombre	Valor numérico
א	Aleph	1
ב	Bet	2
ג	Gimel	3
ד	Dalet	4
ה	Heh	5
ו	Vav	6
ז	Zayin	7
ח	Chet	8
ט	Tet	9
י	Yod	10
כ	Kaph	20
ל	Lamed	30
מ	Mem	40
נ	Nun	50
ס	Samech	60
ע	Ayin	70
פ	Pay	80
צ	Tsade	90
ק	Qoph	100
ר	Resh	200
ש	Shin	300
ת	Tav	400

אתה

ACERCA DEL AUTOR

Adonijah Okechukwu Ogbonnaya (BA, MATS, MA, Ph.D) es el fundador de AACTEV8 Internacional, un Ministerio Apostólico y del Reino que trabaja con el Cuerpo de Cristo en todo el mundo para ganar almas, discipular, entrenar y equipar a los santos en los misterios del Reino y la vida del Reino. Ubicado en Venice, California, el Dr. Ogbonnaya (también conocido como A. Okechukwu o "Dr. O") comenzó a predicar la Palabra de Dios en la década de 1970 en su adolescencia. Ha servido como misionero, fundador de iglesias, pastor y profesor. El Dr. Ogbonnaya ha viajado y ministrado en más de 25 naciones de Asia, África, Europa y América del Norte y del Sur con el mensaje del Evangelio de Jesucristo. Él ha visto a Dios manifestar varias señales y prodigios como lo prometió en Marcos 16:1-17: los ciegos ven, los sordos oyen, los cojos andan, los muertos resucitan, estériles reciben el fruto del vientre, las vidas se transforman y las mentes se renuevan. Se ha centrado en ayudar a los creyentes a involucrarse con las realidades espirituales que se han abierto para ellos en la persona del Señor Jesucristo. Es un hebreo nacido en Nigeria, África Occidental. Obtuvo su doctorado y maestría en teología y personalidad y su maestría en religión en Claremont School of Theology. Completó su maestría en estudios teológicos Western Evangelical Seminary y su licenciatura en religión en Hillcrest Christian College en Canadá. También tiene un doctorado en publicidad empresarial.

También es el presentador de numerosas enseñanzas que se encuentran en: www.aactev8.com.

El Dr. Ogbonnaya está casado con la Pastora Benedicta y ha sido bendecido con cuatro maravillosos hijos y nietos.

SeraphCreative

Heaven's Heart for Earth

Seraph Creative es un colectivo de artistas, escritores, teólogos e ilustradores que desean ver crecer el cuerpo de Cristo en plena madurez, caminando en su herencia como Hijos de Dios en la Tierra.

Suscríbete a nuestro boletín para enterarte del lanzamiento del próximo libro de la serie, así como de otros emocionantes lanzamientos.

Visita nuestro sitio web:

www.seraphcreative.org

www.ingramcontent.com/pod-product-compliance
Lightning Source LLC
Chambersburg PA
CBHW051554120626
46551CB00013B/1510